すぐに▼役立つ

◆暮らしのセーフティネット！◆

失業等給付・職業訓練・生活保護・給付金 のしくみと手続き

社会保険労務士・
中小企業診断士 **森島 大吾** 監修

三修社

はじめに

　失業した際のセーフティネットとして利用できるのが雇用保険です。雇用保険は、失業時に必要な生活保障を行う給付とともに、高齢、育児、介護により就業が困難な状況においても給付を行います。さらに、失業給付の受給中には職業訓練を受講することができ、必要なスキルや知識を身に付けることもできます。

　局地的な災害の多発、全国的な新型コロナウイルスの感染拡大によって不景気になってしまい、失業保険をもらいながらも転職先を探すことが難しくなる場合には、さらにその先のセーフティネットが必要になります。また、病気によって働けない場合、老齢年金だけでは生活していけないような場合にもセーフティネットが必要です。それに応える制度が生活保護です。生活保護制度は、憲法が定める「健康で文化的な最低限度の生活を営む権利」を保障している制度です。

　本書は、このようなセーフティネットとしての活用が想定される雇用保険制度、生活保護制度を中心に解説した入門書です。本書では、必要を感じる制度の章から読み進めることが可能な構成となっています。第1章では、会社を離職する際の注意点を記載し、第2・3章で雇用保険制度の失業時給付、職業訓練を解説し、失業後の生活を有利にするための制度を知ることができます。第4章の生活保護制度では、知っておきたい生活保護の手続や扶助費などを解説しています。また、令和2年1月頃から発生した新型コロナウイルスの感染拡大によって影響を受けた個人に対して、様々な給付金やサポートが用意されています。それらを網羅的に紹介しているのが第5章です。

　本書をご活用いただき、皆様のお役に立てていただければ監修者として幸いです。

　　　　　　監修者　社会保険労務士・中小企業診断士　森島　大吾

Contents

第4章 生活保護のしくみと手続き

第5章　困ったときに役立つ給付金とサポート制度

第 1 章

会社を辞める前に
知っておくこと

1 退職を決意したらまず何をすべきか

雇用保険、年金、健康保険などやることはたくさんある

転職先が決まっているかどうかで分かれる

　退職の申入れは社長（代表取締役）宛に退職届や退職願といった形で文書を出すのが一般的です。ただ、就業規則で退職手続きが決められている会社もありますので確認してみましょう。退職しようと思ったときになってまず気になるのが雇用保険や、健康保険、年金といった社会保険関係の手続きの問題でしょう。これらの手続きについては転職先が決まっているかどうかで事情が異なってきます。

① **転職先が決まっていないとき**

　転職も珍しくない昨今の事情を差し引いて考えたとしても、雇用保険や社会保険関係の手続きについては、会社がやってくれていたはずですから、知らないことの方が多いのではないでしょうか。雇用保険などの給付は自分で請求しなければ、何ももらえません。本書で概要をつかんだ上で、細かい不明点については、市区町村役場やハローワーク（公共職業安定所）、年金事務所、健康保険組合などに問い合わせるようにしましょう。

② **転職先が決まっているとき**

　退職後にすぐ再就職する場合には転職先の会社で雇用保険や社会保険の手続きをしてくれるので心配する必要はないでしょう。

社会保険は請求しなければ給付されない

　社会保険についまず頭に入れておかなければならないことは、自分で請求しなければ、何ももらえないということです。たとえば65歳になれば自動的に年金が支給されるかというとそうではありません。一

定の時期に必要な手続きをしなければ年金ももらえない、ということになってしまいます。不明なことや不安なことなどがあればそのままにせず、市区町村役場、年金事務所、健康保険組合などにこまめに問い合わせるようにしましょう。

確定申告も忘れずにする

　会社を辞めると、確定申告などの税金の手続きは自分で行わなければなりません。一方、再就職した場合には、前に勤めていた会社からもらった源泉徴収票を、新しく勤めた会社に提出すれば、前の会社の分もあわせて手続き（年末調整）をしてくれます。

　確定申告をする場合は毎年2月16日から3月15日の間に、住所地を管轄する税務署で所定の手続きを行うことになります。

　所得税の確定申告をすれば、同時に住民税の申告をしたことになりますので、改めて住民税の申告書を市区町村に提出する必要はなくなります。

退職前後に行う手続きを把握しておく

　退職者は、退職後の手続きに備えて退職前から準備をしておかなければなりません。最近の厳しい経済状況を考えると、新しい職場がすぐに見つかるとも限りませんので当初の思惑どおりにいかなくなった場合を想定して、保険や年金について知っておくと、いざという時にあわてずに対応することができます。年金については退職前に年金手帳の有無を確認しておきましょう。国民年金の種別変更手続きが必要な場合には市区町村役場に行き、手続きをする必要があります。退職者が退職前後に行う手続きと注意点は、次ページの図のとおりです。

■ 退職前後にしておく手続き ....

雇用保険	退職前	・退職後、失業せずに就職できるかどうかの見通しを立てる ・基本手当の金額の計算に使用するため、退職前6か月間の給与明細を保管する ・雇用保険被保険者証の有無を確認 ・離職票を確認（離職票はハローワークに提出する前にコピーをとっておくとよい）
	退職後	・求職の申込みと受給資格決定 ・7日間の待期期間を経る ・4週間に1度ハローワークで失業の認定を受ける ・失業認定日から1週間程度で所定日数分の基本手当が支給される（自己都合の場合、3か月の給付制限期間はもらえない）
健康保険	退職前	・健康保険証の返却 ・退職後に加入する健康保険についての情報を集める ・健康保険証のコピーをとっておく
	退職後	・任意継続する場合、退職日の翌日から20日以内に協会けんぽまたは会社の健康保険組合で手続きをする ・国民健康保険に加入する場合、退職日の翌日から14日以内に、退職者の住所地を管轄する市区町村役場で手続きをする ・会社に申請して健康保険資格喪失証明書を入手する ・家族の被扶養者になる場合、退職日の翌日から5日以内に扶養者が扶養者の勤務先で手続きを行う
年金	退職前	・ねんきん定期便などで、加入期間や受給見込額に不審な点がないかを確認する ・年金手帳の有無を確認 ・年金加入歴の確認 ・年金見込額の試算（定年退職者）
	退職後	・60歳以上の老齢年金を受給できる退職者の場合、年金手帳を用意し、年金事務所に老齢給付の受給手続きを行う（裁定請求書の提出） ・国民年金の種別変更手続き
税金	退職前	・退職所得の受給申告書を作成
	退職後	・確定申告に必要な退職前に勤めていた会社に、源泉徴収票の発行を依頼する ・確定申告

雇用保険の手続きについて知っておこう

雇用保険の加入期間を確かめておくこと

▎会社を辞める前に必ず雇用保険の加入期間を確かめよう

　退職後、すぐに再就職しない場合には、いったん失業することになります。失業中の生活を保障してくれるのが雇用保険です。雇用保険の失業等給付（失業・介護・教育訓練の受講といった事情が生じた場合に雇用保険から支給される給付）を受けられるかどうかの判断は、原則として被保険者期間が退職日以前の２年間に通算12か月以上あるかどうかで決まります。

　「12か月以上」というのは通算ですので、○○社で６か月勤めて、その後退職日から１か月以内に△△社で６か月勤めた、という場合でもかまいません。たとえば被保険者期間が11か月半しかないような場合には、半月待ってから辞めた方が、失業等給付をもらう要件を満たせることになります。わずか２週間の差が、90日分の基本手当がもらえるかどうかの分かれ目となることもあり得るわけです。

　ただ、退職日以前２年間が問題とされることがありますので注意が必要です。たとえ過去に長い期間保険料を払っていたとしても、退職日以前の２年間に所定の被保険者期間を満たしていなければ、（ケガをして休職していたような場合は別として）雇用保険の給付をもらえません。

　次に、勤続年数がもうすぐ10年になる人の基本手当（39ページ）について考えてみましょう。

　自己都合により退職する場合、被保険者であった期間が10年未満であれば、年齢に関係なく、基本手当は90日分もらえます。これに対して勤続10年以上20年未満の場合、基本手当は120日分になります。つ

まり、「もうすぐ勤続10年になる人」は、たった1日待つことで給付期間が90日から120日に増えることもあり得るのです。

　以上のように、退職の時期によっては給付額に何十万円もの差が出ることがありますので、自分の勤続年数なども考慮して、辞める時期を選ぶことも大切です。

　さらに、退職金の支払額も勤続年数によってだいぶ異なります。

▌退職後は、ハローワークで基本手当の受給手続きを行う

　失業等給付をもらう手続きは、退職者の住所地（勤めていた会社の所在地ではありません）を管轄するハローワーク（公共職業安定所）に退職時に会社から受け取った離職票を提出し、求職の申込みをすることから始まります（51ページ）。

　ハローワークで初回に提出する書類には退職の際に交付された離職票と個人番号確認書類、本人の写真、印鑑、運転免許証など住所や年齢を確認できるものなどがあります。これらを提出して失業給付を受給できる資格があるかどうかの審査を受けることになります。

　雇用保険の失業等給付を受けられるかどうかは、離職日以前の2年間に、通算して12か月以上の被保険者期間かあるかどうか（退職事由が解雇や倒産といった事情の場合には退職日以前の1年間に被保険者期間が通算6か月以上あるかどうか）で判断し、退職前6か月の賃金の金額を基にして基本手当の金額を決定します。

　そのため、退職者は退職前6か月前からの給与明細を保管しておくのがよいでしょう。

3 健康保険被保険者証は退職後5日以内に返却する

14日以内に国民健康保険に加入すること

被保険者の資格は辞めた翌日からなくなる

退職するときにはさまざまな手続きが必要になります。たとえば、退職日の翌日に健康保険の被保険者資格が失われますので、退職した人は健康保険被保険者証（保険証）を会社に返却しなければなりません。そして、健康保険被保険者証を返却された会社は、この被保険者（退職した人）が資格を喪失した日から5日以内に、年金事務所あるいは健康保険組合に「被保険者資格喪失届」と「被保険者証」を提出することになります。

退職前後は何かと忙しくて忘れがちですが、退職後5日以内に健康保険被保険者証を会社に返却しなければならないということは必ず覚えておきましょう。

被保険者証は退職してから5日以内に会社に返してしまいます。その場合に心配なのは、その後に病気になったりケガをした場合はどうなるのか、ということではないでしょうか。

このような場合でもそんなに心配することはありません。退職によって健康保険の被保険者としての資格がなくなった場合には、その時点で国民健康保険に加入したことになるからです。退職してから国民健康保険に加入する手続きが遅れてしまったような場合でも、自分が住んでいる市区町村の窓口に届け出れば、退職日の翌日からさかのぼって国民健康保険に入ることができます。

手続きが遅れても対応はしてもらえますが、加入していた健康保険の資格を失ったときは、14日以内に国民健康保険に加入する手続きをする必要があります。

まず任意継続をするかどうかを決める必要がある

　健康保険の任意継続被保険者を選択した場合には、退職して健康保険の資格を喪失した後も、引き続き2年間は個人で健康保険の被保険者になることができます。国民健康保険の保険料は前年度の所得が基準となります。そのため、退職直後の保険料は、健康保険の任意継続の保険料と比べると割高になることが多いようです。そこで、退職直後は任意継続被保険者となり、その後、時期を見計らって、国民健康保険に加入するという方法もあります。

　なお、倒産や解雇で離職した場合は、届け出ることにより前年度の所得をその3割とみなして計算しますので、任意継続被保険者となるより、国民健康保険に加入した方が安くなることが多くなります。

　また、退職後に配偶者が加入している健康保険の被扶養者になることもできます。被扶養者になれる人は、年収や親族の範囲によって決まっています。60歳以上の人は年間収入（年金、給与、失業等給付など継続性のある収入）が180万円未満、60歳未満の人は130万円未満です。なお、被扶養者の認定基準は同居、別居によっても異なります。雇用保険の基本手当を受給している場合には、収入とみなされますから、雇用保険の受給が終わるまで、国民健康保険などに自分自身で加入することになります。

■ 退職後の手続き

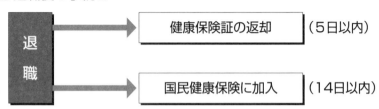

退職 → 健康保険証の返却 （5日以内）

退職 → 国民健康保険に加入 （14日以内）

4 もし退職勧奨されたら上手に交渉しよう

辞めてしまう前に対策をたてること

早い段階で労働相談をすること

契約（雇用契約）期間の定めがあるケースでは、その期間が終了すれば会社と労働者の雇用契約は自動的に終了します。一方、契約期間が定められていない場合には、退職手続きについては就業規則で決められているのが通常です。使用者が退職願の受理を拒んでも、2週間の経過によって自動的に退職の効力が生じます。

では、上司（会社）から「会社を辞めてくれ」（退職勧奨）といわれた場合、いわれたとおり素直に会社を辞めるのが得策なのでしょうか。それとも退職を拒否して会社に残る、または退職金などの条件しだいで会社を辞める方法が有利なのでしょうか。いずれにしても、今後の自分や家族にとって重要な問題ですので、早い段階で労働組合や労働局、労政事務所（労働相談などを受け付ける都道府県の機関）などの相談先に行くことが大切です。一番いけないのは、労働契約や解雇予告について何の知識も持たずに、会社にいわれるままに辞めてしまうことです。あきらめないで、調査や相談といった行動を起こしましょう。

違法な退職勧奨による解雇は取消や無効を主張できる

社員が一方的に雇用契約を解除することを退職といいます。表向きは退職であっても、実際には辞めたくないのに会社から退職するよう勧められたり、強要されたりすることもあります。

会社側の態度に威圧されて退職の意思表示をしても、不当なものであれば退職の取消や無効を主張することもできます。違法な退職勧奨により精神的または財産的な被害を受けた場合には、会社に対して慰

謝料などの損害賠償を請求できる場合もあります。

退職に追い込む嫌がらせは不当労働行為となることもある

　会社は、合理的な理由またはやむを得ない事情があれば、社員を解雇できます。しかし、法律上解雇が認められるためには、かなり厳しい条件をクリアしなければなりません。人員整理を急ぐ会社が、特定の社員に退職を勧奨し、拒否されると不当な配置換えなどの嫌がらせをして、その社員を精神的に追いつめ、退職に追い込むというケースもあるようです。配置転換命令が有効となるためには、労働基準法などの法律違反や労働協約違反・就業規則違反がないこと、人事権の濫用にあたらないこと、などの条件が満たされていなければなりません。

　不当な配置換えを受けた場合には、前述のような相談機関にすぐに相談するのがよいでしょう。また、労働組合がある会社で組合員であることを理由に解雇する場合、不当労働行為（公正な労使関係の秩序に違反するような使用者の行為のこと）になることもあります。

　また、精神的な苦痛を受けたとして慰謝料を請求できる場合もあります。もちろん、退職を拒否したことを理由とする解雇や配転、降格などの処分は無効です。嫌がらせにより退職に追い込まれた場合にも、その退職は撤回できます。

退職勧奨を受けた場合にはすぐに退職願を出さないこと

　会社によってはリストラの必要性に迫られ、各部署の責任者に人員削減を奨励することがあります。ひどい事態になると職場全体でいじめが行われる状況となり、自らがいじめの対象となることもあります。

　このような場合、納得しないままに退職願を出さないことが重要です。退職願を出してしまうと、後で退職の無効を争った場合に大変困難になります。

5 解雇について知っておこう

解雇予告もしくは解雇予告手当の支払が原則必要である

解雇には３種類ある

　解雇とは、会社が会社の都合で社員との雇用契約を解約することです。解雇は、その原因により、普通解雇、整理解雇、懲戒解雇に分けられます。整理解雇とは、経営不振による合理化など経営上の理由に伴う人員整理のことで、リストラともいいます。懲戒解雇とは、社員が会社の金銭・備品を横領した場合のように、会社の秩序に違反した社員に対する懲戒処分としての解雇です。そして、これらにあてはまらない解雇を普通解雇といいます。

解雇の時期・理由の制限

　労働者は解雇によって仕事を失うことになるため、さまざまな法律によって解雇の時期・理由が制限されています。

　解雇の時期の制限として、たとえば、社員が業務上負ったケガや病気の療養のために休業する場合や、社員が産前産後の休業を取得する場合には、休業期間中とその後30日間の解雇が禁止されています（労働基準法19条）。

　解雇の理由の制限として、たとえば、合理的な理由や社会通念上の相当性のない解雇が禁止されています（解雇権濫用法理、労働契約法16条）。また、やむを得ない事由のない有期雇用契約を結んだ社員の解雇が禁止されています（労働契約法17条）。その他の例として、国籍・信条・社会的身分・性別を理由とする解雇の禁止、結婚・妊娠・出産を理由とする解雇の禁止、育児・介護休業の申し出や取得を理由とする解雇の禁止などがあります。

解雇予告・解雇予告手当の支払

前述した解雇の時期・理由の制限に違反しないときに、会社は社員を解雇することが可能です。しかし、会社が社員を解雇するときは、労働基準法20条により、30日以上前に解雇予告をすることが必要です。ただし、解雇予告手当を支払った日数分だけ解雇予告の日数を短縮できるため、たとえば、30日分の解雇予告手当を支払えば、社員を即日解雇できます（次ページ図）。

この点から、解雇する旨を伝えた日から賃金あるいは平均賃金を合計30日分支払うことになります。しかし、細かい部分では違いがあります。たとえば、30日分の解雇予告手当を支払って即日解雇する場合は、その手当金に社会保険料がかかりません。解雇予告手当は賃金ではなく退職所得として計上されるためです。

ただし、①天災事変その他やむを得ない事由があり事業の継続ができない場合、②社員に責任があり雇用契約を継続できない場合（おもに懲戒解雇をする場合）、のいずれかに該当することを理由に社員を解雇する場合は、所轄の労働基準監督署長の除外認定を受けることで、解雇予告や解雇予告手当の支払が不要となります。なお、退職金を支払うか否か、支払う場合に減額するか否かの問題は、除外認定とは別の話になります。

解雇予告や解雇予告手当の支払が不要な場合もある

次に挙げる社員は、前述した除外認定を受けなくても、解雇予告や解雇予告手当の支払をすることなく解雇ができます。

① 試用期間中の社員（雇い入れてから15日以上になった場合を除く）

② 日々雇い入れる社員（1か月を超えて引き続き使用されるようになった場合を除く）

③ 雇用期間を2か月以内とした契約で雇用している社員（雇用期間を超えて引き続き使用されるようになった場合を除く）

④　季節的業務を行うために雇用期間を 4 か月以内とした契約で雇用
している社員（雇用期間を超えて引き続き使用されるようになった
場合を除く）

平均賃金とは

有給休暇を取得した場合や、労災（労働災害）や使用者の事情に
よって休業した場合など、何らかの事情で労働しなかった期間中も賃
金が支払われることがあります。その期間中の賃金額は、会社側が一
方的に決めるのではなく、労働基準法の規定に基づいて 1 日の賃金額
を算出し、その額に期間中の日数を乗じた額となります。その基準と
なる 1 日の賃金額を平均賃金といいます。

平均賃金の算出方法は、原則として「これを算定すべき事由の発生
した日以前 3 か月間にその労働者に対し支払われた賃金の総額を、そ
の期間の総日数で除した金額」とされています（労働基準法12条）。
そして、平均賃金の基準になる「3 か月（3 か月間の総日数）」は、
暦の上の日数を指します。また、算定の対象となる「賃金の総額」に
は、基本給の他、通勤手当や時間外手当などの諸手当も含まれます。
しかし、臨時に支払われた賃金や 3 か月を超える期間ごとに支払われ
た賃金などは「賃金の総額」から控除されます。

■ 解雇予告日と解雇予告手当 ……………………………………

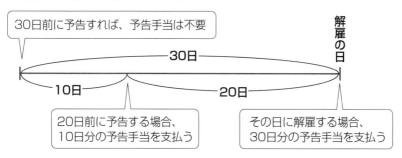

パートやアルバイトの解雇・雇止めについて知っておこう

パートやアルバイトにも労働基準法の適用がある

正社員とパート・アルバイトの違いは何か

　会社には正社員と異なる労働条件の労働者がいます。パート（パート社員）、アルバイト、契約社員、嘱託社員などです。労働者という点では正社員と同じなので、労働基準法などが適用されますが、適用される規定に違いが生じることもあります。また、就業規則が定める労働条件にも違いがあるのが通常です。たとえば、正社員と違って退職金の支払がないなどです。

　パートやアルバイトは、1週間の所定労働時間（契約で定めた労働時間）が正社員の所定労働時間に比べて短い社員を指すのが一般的で、パートタイム・有期雇用労働法（短時間労働者及び有期雇用労働者の雇用管理の改善等に関する法律）における「短時間労働者」に該当します。パートやアルバイトの多くは有期雇用（契約期間を定めた雇用）ですが、正社員と同じ無期雇用（契約期間を定めない雇用）の場合も短時間労働者に該当します。なお、アルバイトには、本業のある者が副業で働くという意味があります。

　パートやアルバイトについて独自の就業規則があれば、それを適用します。独自の就業規則を設けることなく、正社員の就業規則を適用する会社もあります。パートやアルバイトの採用時は、正社員の採用時と同様に、契約期間、賃金、労働時間、休日、休暇などの労働条件を明示した書類（労働条件通知書）を交付することが会社（事業主）に義務付けられています。正社員の場合と違うところは、パートやアルバイトへ交付する書類には、昇給・退職手当・賞与の有無や相談窓口の記載も必要とされる点です。

会社からの有期雇用の契約解除は解雇と同じである

　パートやアルバイトは有期雇用として契約しているケースがほとんどです。有期雇用契約は、契約期間に縛られることが前提なので、契約期間中は、やむを得ない事由がない限り、会社・社員の双方から解除ができません（民法628条）。さらに、労働契約法17条では、会社（使用者）は、やむを得ない事由がない限り、契約期間中に有期雇用契約の労働者の解雇ができないと規定し、会社側からの有期雇用契約の解除を制限しています。この規定がある点から、正社員の解雇よりも有期契約期間中の解雇の有効性は厳しく判断されることに注意を要します。

　そして、会社側からの解除は労働基準法の「解雇」に該当しますので、労働基準法20条により、原則として、30日以上前に予告するか、予告をしない場合は30日分以上の平均賃金の支払いが必要です（20ページ）。

　なお、民法628条には、解除の事由が「当事者の一方の過失によって生じたものであるときは、相手方に対して損害賠償の責任を負う」との一文があります。したがって、会社がパートやアルバイトを解雇する場合には、残りの契約期間分の賃金と同程度の損害賠償金を負担しなければならなくなる可能性もあります。

雇止め法理と無期転換ルールに留意する

　有期雇用契約は、契約期間の満了と同時に雇用関係が終了します。このとき、契約期間の満了に伴い、会社から契約更新を拒否することを雇止めといいます。そして、雇止めは解雇に該当しませんので、原則として解雇に関する規定が適用されません。

　もっとも、契約更新をしているケースも多く、特に契約更新が繰り返されていると、雇用継続への期待が高まると考えられます。そこで、有期雇用契約が継続して更新されていて雇止めが解雇と同視できる場

合や、契約更新に対する期待を持つことに合理的な理由がある場合には、合理的な理由や社会通念上の相当性がない雇止めが認められません（雇止め法理、労働契約法19条）。

　さらに、同じ会社との間での有期雇用契約の契約期間が通算5年を超えた場合には、パートやアルバイトの側から無期雇用契約への転換の申込みができ、会社側は、この申込みを拒否できません（無期転換ルール、労働契約法18条）。

　その他、厚生労働省の告示によって、3回以上契約更新されているか、雇入れの日から起算して1年を超えて継続勤務しているパートやアルバイトを雇止めするときは、30日以上前に予告することが求めてられています。

■ パート従業員と雇止め

7 会社が倒産した場合にはどうなるのか

あわてずに労働債権の確認とその確保に向けた行動をする

■ 倒産すると賃金はどうなるか

　会社が倒産した（破産した）場合に、賃金（給料）や退職金などの労働債権をどう確保するかは重要な問題です。倒産に至る過程の中で、すでに賃金の遅配があったかもしれません。労働者として労働債権がどのように扱われるのかを知っておきましょう。

① 労働債権の優先順位と届出

　会社が倒産した場合、労働債権については、配当において他の一般債権者（債権に抵当権・質権などが付いていない債権者）に優先する債権として扱われます。このため、会社の倒産時、労働者は他の一般債権（抵当権・質権などが付いていない債権）よりも優先して未払賃金などの弁済を受けることができます。なお、退職金に関しては、就業規則や退職金規程などに規定のある退職金のみが労働債権として扱われることに注意を要します。

　さらに、労働債権のうち、破産手続開始前3か月間に生じた未払賃金と、退職前3か月間の賃金総額に相当する未払退職金は、納期限が破産手続開始前1年を経過していない租税債権（主として国税・地方税）と同順位である財団債権となり、優先して弁済を受けることが可能になります。

　その一方で、労働債権は、抵当権・質権などが付いている債権よりも劣後します。したがって、労働債権を確保するときは、後述する未払賃金立替払制度の利用も検討します。

　会社の倒産後、債権者に対しては、裁判所が債権届出書を送付します。労働債権がある者にも送付されますので、必ず記載された届出期

間内に裁判所に送付してください。届出期間後に提出された債権届出書は、原則として受理されないからです。

② 取締役などの法的責任を追及する

　会社の取締役（代表取締役を含む）などの役員個人は、法的には会社とは別の存在です。そこで、倒産について役員個人の法的責任を追及することで、労働債権を回収できる可能性があります。たとえば、会社法429条に基づき、放漫経営をした結果として倒産させるなど、職務執行に悪意・重過失がある取締役に対して、損害賠償責任を追及することも考えられます。

▌ 未払賃金立替払制度

　未払賃金については「賃金の支払の確保等に関する法律」（賃確法）による未払賃金立替払制度を利用できる場合があります。会社が倒産した場合における未払賃金の総額のうち8割を労働者健康安全機構が立替払いしてくれるものです。ただし、退職日の6か月前の日から賃金立替払請求日の前日までの間に支払期日が到来している賃金や退職金のうち、未払いのものが対象です（賞与は対象外です）。

　なお、破産などの決定がなくても、会社の事業が停止して再開見込みがない場合で、所轄の労働基準監督署長が認めたときも、同様に立替払いを受けることができます。

■ 立替払いの額 ···

未払賃金の総額の100分の80の額です。ただし、総額には上限が設けられています。上限額は下表のとおりで、退職の時期および年齢により異なります。

退職労働者の退職日における年齢	未払賃金の上限額	立替払いの上限額
45歳以上	370万円	296万円
30歳以上45歳未満	220万円	176万円
30歳未満	110万円	88万円

第 2 章

失業等給付のしくみと手続き

雇用保険給付の全体像を知っておこう

雇用保険はハローワークで手続きをする

雇用保険とは

　雇用保険とは、労働者が失業している期間について、生活費の保障を行うための公的保険制度です。

　雇用保険にはさまざまな給付があります。雇用保険の給付のうち、失業等給付は、大きく求職者給付、就職促進給付、雇用継続給付、教育訓練給付の4つに分けることができます。なお、雇用継続給付の育児休業給付金は、給付総額が大きくなってきたため、失業等給付から外れ、新しい給付として位置付けられています。

① 求職者給付

　求職者給付は、被保険者が離職して失業状態にある場合に、失業者の生活の安定と求職活動を容易にすることを目的として支給される給付です。失業者が離職票などを持って公共職業安定所（ハローワーク）に行き、必要な手続をすることで支給されます。雇用保険の中心的な給付になります。

② 就職促進給付

　失業者が再就職するのを援助、促進することをおもな目的とする給付です。求職者給付は失業中に支給されるので、求職者にとっては就職に対する意欲が低くなりがちです。そこで、就職促進給付は早い段階で再就職を行うと支給されるボーナス的な給付です。また、就職に際しての引越し代などの給付もあります。

③ 雇用継続給付

　働く人の職業生活の円滑な継続を援助、促進することを目的とする給付です。高年齢者、介護休業中の所得補てんを行う給付があります。

④ 教育訓練給付

働く人の主体的な能力開発の取組を支援し、雇用の安定と能力開発・向上を目的とする給付です。

求職活動を容易にするための給付

求職者給付とは、被保険者が離職して失業状態にある場合に、失業者の生活の安定をはかるとともに求職活動を容易にすることを目的として支給される給付です。中心となるのは一般被保険者に対する基本手当ですが、被保険者の種類（31ページ）に応じてさまざまな内容の給付が行われます。

なお、求職者給付は職を失った人が次の職を見つけるまでの間、その人が生活をするために支給される給付です。そこで、仕事を探すつもりのない人や仕事を探せる状態にない人については、求職者給付が支給されないことになっています。

■ 雇用保険の給付の概要 ·······································

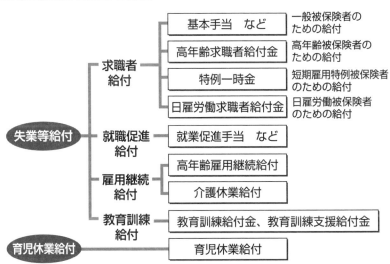

早く就職を決めると受けられる給付

　失業した場合に雇用保険から給付を受けることができる所定給付日数は人によって差があります。そのため、熱心に求職活動を行った結果、所定給付日数がまだ残っているうちに次の働き口が見つかる人もいるでしょう。逆に、自分の所定給付日数がなくなるまで支給を受けてから、本腰を入れて職探しをはじめる人もいます。これでは、熱心に求職活動を行った人とそうでない人との間で不公平が生じることになってしまいます。そこで、所定給付日数を多く残して再就職が決まった人には、一定の手当（再就職手当や就業手当）を支給することになっています。さらに、就職が困難な人が再就職した場合などにも一定の給付（常用就職支度手当）があります。就職促進給付には以上の他、移転費と広域求職活動費があります（77～83ページ）。

失業を予防するための給付

　高年齢になると労働能力も低下し、それに伴って給料も下がる場合があります。また、子供ができたため仕事を休んで育児に専念する人もいます。その結果、給料がもらえなくなってしまう場合もあります。このような場合に、同じ職場で働き続けられるよう、雇用保険で一定の給付を行っています。これらは、失業を予防するための給付ということができます。

自分を磨く人に支給される給付

　仕事をする上で一定の資格が必要な場合もあります。また、何らかの資格や特技があれば、給料や待遇などの面で有利になることもあります。そのため、資格をとるためや知識・技能などを身につけるために勉強した場合の支出について一定の援助をする制度が教育訓練給付です（209ページ）。

2 どんな人が雇用保険の給付を受けることができるのか

被保険者にもさまざまな種類がある

雇用保険の被保険者には4種類ある

　雇用保険の給付の支給対象（受給資格者）となるのは、雇用保険の制度に加入している事業所（適用事業所）で、一定期間（被保険者期間）、雇用保険の被保険者（雇用保険に加入している人のこと）として働いていた人だけです。被保険者には、次の4種類があります。

① 一般被保険者

　次の②〜④までの被保険者以外の被保険者で、ほとんどの被保険者がこれに該当します。一般被保険者とは、1週間の所定労働時間が20時間以上で、31日以上雇用される見込みのある者のことです。フリーターやパートタイム労働者も、この要件を満たせば雇用保険の被保険者になります。

② 高年齢被保険者

　65歳以上の被保険者がこれに該当します（③と④に該当する者は除きます）。

③ 短期雇用特例被保険者

　冬季限定の清酒の醸造や夏季の海水浴場での業務など、その季節でなければ行えない業務のことを季節的業務といいます。季節的業務に雇用される者のうち、雇用期間が4か月以内の者および週の労働時間が30時間未満の者を除いた者が短期雇用特例被保険者として扱われます（④に該当する者は除きます）。また、短期雇用特例被保険者が同一の事業主に1年以上引き続いて雇用された場合は、1年経った時点から、短期雇用特例被保険者から一般被保険者に切り替わります。

④ 日雇労働被保険者

雇用保険の被保険者である日雇労働者のことです。日雇労働者とは、日々雇い入れられる者や30日以内の短い期間を定めて雇用される者のことです。

なお、上記の4種類以外にも令和4年1月1日から65歳以上の複数就業者の雇用保険加入も認められます。具体的な要件は、2つの事業所においてそれぞれ5時間以上20時間未満で働き、雇用保険の被保険者ではない者が2つの事業所を通算して週20時間以上となる場合には申し出により雇用保険に加入することができます。

■ 求職者給付をもらうための要件

雇用保険の中心は求職者に給付される求職者給付ですが、求職者給付の支給を受けるためには、被保険者の種類ごとに以下のような被保険者期間の要件を満たしていなければなりません。

① 一般被保険者の求職者給付（基本手当）

基本手当をもらうためには、①離職によって、雇用保険の被保険者資格の喪失が確認されていること、②現に失業していること、③離職日以前の2年間に通算して12か月以上の被保険者期間があること、の3つが要件になります。ただし、③の要件については、離職の原因が倒産・解雇・セクハラなどによる場合には、離職日以前の1年間に通算して6か月以上の被保険者期間があるかどうかで判断します。各月の賃金支払基礎日数（基本給の支払の対象となっている日数のことで、有給休暇や休業手当の対象となった日数も加えられる）が11日以上の月を被保険者期間1か月とします。なお、各月ごとに区切った結果、端数が生じた場合、その期間が15日以上であり、賃金支払基礎日数が11日以上であれば、2分の1か月としてカウントします。さらに、令和2年8月以降は「賃金支払の基礎となった時間が80時間以上ある月」についても被保険者期間を1か月として数えます。これらの11日以上や80時間以上の基準は、下記の②、③の被保険者期間の算定時も

同様に準用されます。

② 高年齢被保険者の求職者給付（高年齢求職者給付金）

離職日以前1年間に被保険者期間が6か月以上あることが必要です。

③ 短期雇用特例被保険者の求職者給付（特例一時金）

離職の日以前1年間に被保険者期間が6か月以上あることが支給要件となります。

┃ 安易な離職は認められない

退職勧告を受けたのではなく、会社の早期退職優遇制度に応募する場合、特定受給資格者（44ページ）とは扱われないので、基本手当を受給するためには12か月以上の被保険者期間が必要です。もっとも、近年では1つの会社に1年もいないということもあります。この場合、以前に勤めていた会社での被保険者期間を通算することも可能ですが、かつて勤めていた会社の離職時に基本手当の受給資格を満たしている場合には、通算することができなくなります。たとえば、X社に数年勤務し、受給資格を取得後、Y社に転職し、6か月経過後に社内に恒常的に設置されている早期退職制度に応募した場合、Y社の被保険者期間だけでは12か月という要件を満たしません。そこで、X社に勤務していた頃の被保険者期間を通算したいところですが、X社離職時に受給資格を取得しているため、X社に勤務していた時代の被保険者期間を通算することはできません。

■ パートタイマーの取扱い ・・・・・・・・・・・・・・・・・・・・・・・・・・・・・・・・・

1週間の所定労働時間	将来の雇用の見込み	
	31日未満	31日以上
20時間以上	×	一般被保険者
20時間未満	×	×

※×印のところに該当する者は被保険者とならない

3

求職者給付でもらえる額を確認しておこう

基本手当の日額は賃金日額に基づいている

年齢や離職前6か月間の賃金で給付額が決まる

　求職者給付は、人によって「もらえる額」が違います。

　賃金日額に基づいて失業期間中の1日あたりの基本手当日額が計算されますが、支給金額は離職前の賃金（賞与を除く）の平均額のおよそ50％～80％となります。では、ここでいう賃金日額とは、何でしょうか。これは原則として離職前6か月の間に支払われた賃金の1日あたりの金額で、時給や日給でもらっていた場合には、別に最低保障の計算を行います。賃金日額は退職前6か月間の給与の総額÷180日で計算されます。

　次に、基本手当日額ですが、これは賃金日額のだいたい50％～80％の間の額で、年齢と賃金日額によって異なるのが普通です。

　年齢と賃金日額によって異なるということは、世帯として生活費が多く必要であると見込まれる年齢層には多く給付するということです。所得の低かった人には給付率が高くなっており、反対に所得の高かった人の給付率は低くなっています。

　たとえば、離職時の年齢が30歳以上45歳未満で賃金日額が2,574～5,030円の場合、給付率は8割と設定されているので、2,059円～4,023円が基本手当日額となります（令和2年8月1日改定）。

　なお、高年齢被保険者や短期雇用特例被保険者の求職者給付の基本手当日額を計算する際も上記と同様の計算で算出することになっています。

賃金日額によって基本手当の日額が決まる

基本手当の日額は「賃金日額」に基づいています。賞与や臨時に支払われた賃金、退職金は毎月決まって支払われた賃金ではないので、この計算には含まれません。

具体的な基本手当の日額は、60歳以上の人を除き、次の計算式にしたがって求められます。

賃金日額×賃金日額に応じた給付率（原則50 〜 80%）

上記計算式によって基本手当の日額が出ます。これに所定給付日数を掛けると失業中に受けられる給付の総額がわかります。

一般の離職者に対する給付率は賃金に応じて50 〜 80%ですが、60歳以上65歳未満の人への給付率は45% 〜 80%と下限が低く設定されています。賃金日額の低い人ほど給付率を高くするなど賃金格差の影響を抑えるように工夫されています。

高年齢被保険者への給付はどうなっているのか

高年齢被保険者とは、65歳以上の被保険者のことです。高年齢被保険者に支給される給付を高年齢求職者給付金といいます。高年齢被保険者が失業した場合、受給できる金額は、65歳前の基本手当に比べて

■ 基本手当日額の計算式 ……………………………………………

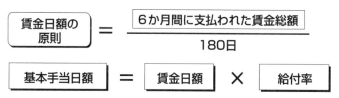

$$\text{賃金日額の原則} = \frac{6か月間に支払われた賃金総額}{180日}$$

$$\text{基本手当日額} = \text{賃金日額} \times \text{給付率}$$

※給付率は、60歳以上65歳未満で、賃金日額によって45〜80%
　それ以外で、賃金日額によって50〜80%
※賃金日額は、日給や時給の場合の最低保障の例外がある
　年齢に応じた上限額、下限額もある

かなり少なくなり、基本手当に代えて、基本手当の50日分（被保険者として雇用された期間が１年未満のときは30日分）の給付金が一括で支給されます。また、高年齢被保険者の失業の認定（失業していることを確認する手続きのこと）は、１回だけ行われます（一般の被保険者は失業期間の28日ごとに１回行うことになっています）。認定日の翌日に再就職したとしても、支給された高年齢求職者給付金を返還する必要はありません。

■ 短期雇用特例被保険者への給付はどうなっているのか

　短期雇用特例被保険者とは、季節的業務（夏季の海水浴場での業務など）に雇用される者のうち、雇用期間が４か月以内の者および週の労働時間が30時間未満の者を除いた者のことです。短期雇用特例被保険者に支給される求職者給付を特例一時金といいます。その名のとおり一時金（一括）で支給されます。

　特例一時金の支給を受けようとする者は、離職の日の翌日から数えて６か月を経過する日までに、失業の認定を受けなければなりません。

　特例一時金を受けるための手続きは、一般の被保険者が基本手当を受けるための手続きと同じです。つまり、離職票を持って公共職業安定所に行き、求職の申込みをすることになります。特例一時金の支給額は、当分の間、基本手当の日額の40日分に相当する額になります。

　ただ、失業の認定日から受給期限（離職日の翌日から６か月）までの日数が40日未満の場合は、受給期限までの日数分だけが支給されることになります。

4

求職者給付の受給日数は人によって違う

受給期間は原則として1年間

所定給付日数はケース・バイ・ケース

失業者に支給される求職者給付（基本手当）の給付日数は離職理由、被保険者であった期間、労働者の年齢によって決定されます。39ページの図の一般受給資格者とは、定年退職や自己の意思で退職した者のことです。

また、特定受給資格者（44ページ）とは、事業の倒産、縮小、廃止などによって離職した者、解雇など（自己の責めに帰すべき重大な理由によるものを除く）により離職した者のことです。特定理由離職者（46ページ）とは、①労働契約の更新を希望したにもかかわらず、期間の定めのある労働契約の期間が満了し更新されなかった者、②体力の衰えなど正当な理由のある自己都合退職者が該当します。前者の①にあてはまる者は、特定受給資格者と同様の給付日数を受け取ることができます。

なお、就職困難者とは、身体障害者、知的障害者、精神障害者、刑法などの規定により保護観察に付された者、社会的事情により就職が著しく阻害されている者（精神障害回復者など）が該当します。

具体的には、失業理由が自己都合か会社都合かによって、本人が受ける基本手当の所定給付日数が変わってきます。自己都合で辞めた人より倒産・解雇などが原因で離職した人の方が保護の必要性が高いので、給付日数も多めに設定されています。一般受給資格者は離職時等の年齢に関係なく、被保険者であった期間に応じて、90日から150日の給付日数となります。

一方、特定受給資格者と認定された場合、退職時の年齢と被保険者

期間に応じて、90日〜330日の給付が受けられます。たとえば被保険者であった期間が20年以上の38歳の人を例にとると、自己都合で辞めた場合の基本手当の給付日数は150日、倒産・解雇などによる退職者の場合は270日となります。

受給期間（受給期限）を過ぎると給付が受けられなくなる

求職者給付には受給期間（または受給期限）があります。この期間を過ぎてしまうと、たとえ所定給付日数が残っていても、求職者給付の支給を受けられなくなります。

① 受給期間

一般被保険者が受ける給付を基本手当といいます。基本手当は離職の日の翌日から１年間に限り受給することができます。この期間を受給期間といいます。ただし、所定給付日数が330日の者は離職の日の翌日から１年と30日、360日の者は離職の日の翌日から１年と60日がそれぞれ受給期間となります。

② 受給期間が延長されるケース

受給期間の間に一定の理由（42ページ）により、引き続き30日以上働くことができなかったときは、その働くことができなかった日数だけ受給期間を延長することができます。延長できる期間は最大で３年間です。つまり、原則の１年間と延長できる期間をあわせると最長４年間が受給期間になるということです。

もし、働くことができない期間が15日以上となる場合には傷病手当を受けることができます。基本手当をもらう代わりに傷病手当をもらうことになり、その分基本手当は少なくなります。また、働くことができない期間が15日未満の場合は、傷病証明書により、その期間は、失業していたことで認定されます。

③ 高年齢求職者給付金と特例一時金の受給期限

高年齢被保険者であった者に支給される求職者給付を高年齢求職者

給付金（35ページ）といいます。高年齢求職者給付金は一時金で支給されますが、支給を受けることができる期限（受給期限）があります。受給期限は離職日の翌日から1年間です。また、短期雇用特例被保険者であった者に支給される求職者給付を特例一時金といいます。特例一時金も一時金（一括）で支給されます。特例一時金（36ページ）の受給期限は離職日の翌日から6か月間です。

　なお、高年齢求職者給付金と特例一時金については、一般の被保険者に支給される基本手当のように受給期間延長の制度はありません。

■ 基本手当の所定給付日数

● 一般受給資格者の給付日数

離職時等の年齢 ＼ 被保険者であった期間	1年未満	1年以上5年未満	5年以上10年未満	10年以上20年未満	20年以上
全 年 齢 共 通	−	90日		120日	150日

● 特定受給資格者および特定理由離職者の給付日数

離職時等の年齢 ＼ 被保険者であった期間	1年未満	1年以上5年未満	5年以上10年未満	10年以上20年未満	20年以上
30歳未満	90日	90日	120日	180日	−
30歳以上35歳未満	90日	120日	180日	210日	240日
35歳以上45歳未満	90日	150日	180日	240日	270日
45歳以上60歳未満	90日	180日	240日	270日	330日
60歳以上65歳未満	90日	150日	180日	210日	240日

● 特定受給資格者が障害者などの就職困難者である場合

離職時等の年齢 ＼ 被保険者であった期間	1年未満	1年以上
45歳未満	150日	300日
45歳以上65歳未満	150日	360日

就職できないときは給付日数が延長されることがある

どんな場合に基本手当の給付日数が延長されるのか

　基本手当の支給は、離職時の年齢、離職事由、被保険者期間、就職困難者か否かにより給付日数の上限が設けられています。しかし、社会情勢、地域性あるいは求職者本人の問題により、なかなか就職することができず、所定の給付日数だけでは保護が足りないこともあります。このような場合、所定給付日数を延長して、基本手当が支給されます。これを延長給付といいます。

　延長給付には、①訓練延長給付、②広域延長給付、③全国延長給付、④個別延長給付、⑤地域延長給付があります。なお、新型コロナウイルス感染症などの影響により、一定条件を満たす離職者が令和2年6月12日以降に基本手当の所定給付日数を受け終わる場合に60日（所定給付日数が270日、330日の場合は30日）の延長が特例で設けられました。

訓練延長給付とは

　職業訓練を受け、職業能力を向上させることが就職につながると判断されたときに、受給資格者が公共職業安定所長の指示により、公共職業訓練等を受講する場合に、①90日を限度として、公共職業訓練を受けるために待期している期間、②2年を限度として、公共職業訓練等を受けている期間、③30日を限度として、公共職業訓練等の受講終了後の期間に関して、失業している日については所定給付日数を超えて基本手当が支給されます。ただし、③については公共職業訓練が終わっても就職の見込みがなく、かつ、特に職業指導その他再就職の援助を行う必要があると認められた人についてのみ訓練延長給付が行わ

れます。また、その延長された分だけ受給期間も延長されます。

▌広域延長給付とは

　失業者が多数発生した地域において、広い範囲で職業の紹介を受けることが必要と認められる受給資格者については、広域延長給付として90日分を限度に所定給付日数を超えて基本手当が支給されます。受給期間も90日間延長されることになります。

▌全国延長給付

　全国的に失業の状況が悪化した場合に、一定期間すべての受給資格者に対し90日を限度に所定給付日数を超えて基本手当が支給されます。これが全国延長給付です。受給期間も90日間延長されることになります。

▌個別延長給付、地域延長給付とは

　個別延長給付と地域延長給付とは、倒産や解雇などの理由により離職した者（特定受給資格者）、期間の定めのある労働契約が更新されなかったことにより離職した者（一定の特定理由離職者）で再就職のための職業指導を行うことが適切と認められた者に支給される延長給付のことです。

　これらに加えて個別延長給付と地域延長給付を受けるためにはそれぞれ要件があります。個別延長給付を受ける要件には、心身の状況や激甚災害の被害を受けたため離職した場合などに該当する必要があります。これらの要件に応じて、給付日数は60〜120日（所定給付日数が270日、330日の場合は30〜90日）延長されます。

　また、地域延長給付は、厚生労働大臣が指定した雇用機会が不足する地域に居住する者が対象です。60日を限度に給付日数が延長されます。地域延長給付は、令和4年までの暫定措置です。

受給期間を延長できる場合とは

妻娠・出産、育児、ケガ・病気、看護などの場合である

受給期間は延長できる

雇用保険の失業等給付は、働く意思と働ける状況にある者に支給されるものです。そのため、出産や病気などによって働けない者には支給されません。そこで、出産や病気など一定の理由で働けない場合、失業等給付の支給を先送りすることができます。これを受給期間の延長といいます。受給期間を延長できる事由に該当したにもかかわらず、必要な手続きをしなかった場合（支給を先送りしなかった場合）、失業等給付がもらえなくなることもありますので、注意が必要です。

受給期間を延長できる理由は、以下のとおりです。

① 妻娠および出産
② 病気や負傷
③ 育児
④ 親族の看護（6親等以内の血族、配偶者、3親等以内の姻族の看護に限る）
⑤ 事業主の命令による配偶者の海外勤務に同行
⑥ 青年海外協力隊など公的機関が行う海外技術指導による海外派遣（派遣前の訓練・研修を含む）

これらの理由によって、すぐに職業に就くことができない場合は、30日以上働くことができなくなった日の翌日から延長後の受給期間の最終日までにハローワークに受給期間延長申請書（次ページ）と受給資格者証に受給期間延長の理由を証明するものを添えて提出します。

また、60歳以上の労働者が定年などの理由で離職したときで、その労働者が一定の期間求職活動を行わないことを希望する場合は、希望

する期間（最長１年間）、受給期間を延長することができます。この場合もハローワークに申請する必要があります。申請期間は離職日の翌日から２か月以内です。

✎ 書式　受給期間延長申請書サンプル

様式第16号

受給期間延長申請書

※
帳票種別						①安定所番号				
1	0	2	0	6						

②支給番号
□□ － □□□□□ － □

1 妊娠・出産・育児
2 疾病・負傷
3 安定所長がやむをえないと認める理由
4 定年等
5 被保険者区分変更によるもの

③職業に就くことができない期間又は休職申込みをしない期間　　理由
□□ 年 □□ 月 □□ 日 － □□ 年 □□ 月 □□ 日 － □

1 申請者	氏　　名	橘くるみ	生年月日	大正 昭和 58年 6月10日	性別	男・㊛
	住所又は居所	〒113-0033 文京区湯島3-2-12　　（電話03-1234-5678）				
2 離職年月日		令和 ○ 年 ○○ 月 ○○ 日				
3 被保険者番号		1234-567890-1				
4 支給番号						

5 この申請書を提出する理由
㋑ 妊娠、出産、育児、疾病、負傷等により職業に就くことができないため
㋺ 定年等の理由により離職し、一定期間求職の申込みをしないことを希望するため
　　具体的理由　　入院のため

6 職業に就くことができない期間又は求職の申込みをしないことを希望する期間	令和○○ 年 ○○ 月 ○○ 日から 令和○○ 年 ○○ 月 ○○ 日まで	※処理欄	令和○○ 年 ○○ 月 ○○ 日から 令和○○ 年 ○○ 月 ○○ 日まで

延長後の受給期間満了年月日　　平成　　　　年　　　　月　　　　日

7 5のイの理由が疾病又は負傷の場合	肺炎	診・診療期間の名称 療担当者	東京中央病院 院長　平田隆之

雇用保険法施行規則第31条第1項・第31条の3第1項の規定により上記の通り申請します。

令和 ○ 年 ○○ 月 ○○ 日
公共職業安定所殿

申請者氏名　橘くるみ　㊞

備考		離職票交付安定所名	
		離職票交付年月日	
		離職票交付番号	

※
所長	次長	課長	係長	係	操作者

7 どんな場合に特定受給資格者となるのか知っておこう

倒産などで離職した人が対象となる

特定受給資格者は所定給付日数が長い

特定受給資格者とは、たとえば勤務先の倒産や解雇などによって、再就職先を探す時間も与えられないまま離職を余儀なくされた者のことです。特定受給資格者に該当する一般被保険者であった人は、他の求職者よりも基本手当の所定給付日数が長く設けられています。特定受給資格者の範囲は、具体的には、次ページの図のように定められており、ハローワークではこの基準に基づいて受給資格を決定しています。

また、①会社の意思により労働契約が更新されなかった有期契約労働者や、②一定のやむを得ない事情による自己都合退職者で、離職日以前の1年間に通算して6か月以上の被保険者期間がある者については、特定受給資格者に該当しない場合であっても、特定理由離職者として扱われます。特定理由離職者のうち①に該当する場合には、特定受給資格者と同様の基本手当の給付を受けることができます。ただし、特定理由離職者が、特定受給資格者と同様の基本手当の給付を受けることができるのは離職日が令和4年3月31日までの人です。特定理由離職者の範囲は46ページの図のとおりです。

特定受給資格者や特定理由離職者にあたるかどうかについてはハローワークが個別に判断する場合もあります。

たとえば、会社都合で、入社した時に取り決めをした賃金が支払われなかったために退職したような場合です。この場合、就職後1年以内に退職した場合は特定受給資格者と認められます。1年を経過した時点では、採用時のことを理由に退職したとは認められないとされていますが、この場合、特定理由離職者に該当します。

■ 特定受給資格者の範囲 ……………………………………………………

「解雇」等による離職の場合	①解雇により離職（自己の責めに帰すべき重大な理由によるものを除く）
	②労働条件が事実と著しく相違したことにより離職
	③賃金の額の3分の1を超える額が支払期日までに支払われなかったこと
	④賃金が、85%未満に低下したため離職
	⑤法に定める基準を超える時間外労働が行われたため、または事業主が行政機関から指摘されたにもかかわらず、危険若しくは健康障害を防止するために必要な措置を講じなかったため離職
	⑥法令に違反し妊娠中、出産後の労働者、家族の介護を行う労働者などを就業させた場合、育児休業制度などの利用を不当に制限した場合、妊娠・出産したこと、それらの制度を利用したことを理由として不利益な取扱いをした場合により離職
	⑦職種転換等に際して、労働者の職業生活の継続のために必要な配慮を行っていないため離職
	⑧期間の定めのある労働契約の更新により3年以上引き続き雇用されるに至った場合に更新されないこととなったことにより離職
	⑨期間の定めのある労働契約の締結に際し更新されることが明示された場合において契約が更新されないこととなったことにより離職
	⑩上司、同僚からの故意の排斥または著しい冷遇若しくは嫌がらせを受けたことによって離職
	⑪事業主から退職するよう勧奨を受けたことにより離職
	⑫使用者の責めに帰すべき事由により行われた休業が引き続き3か月以上となったことにより離職
	⑬事業所の業務が法令に違反したため離職
「倒産」等による離職の場合	①倒産に伴い離職
	②1か月に30人以上の離職の届け出がされた離職および被保険者の3分の1を超える者が離職した離職
	③事業所の廃止に伴い離職
	④事業所の移転により、通勤することが困難となったため離職

期間の定めのある労働契約の期間が満了し、かつ当該労働契約の更新がないことによる離職の場合	・「解雇」等による離職の場合、⑧、⑨に該当する場合（前ページ）は除く。 ・その者が当該更新を希望したにもかかわらず、当該更新についての合意が成立するには至らなかった場合に限られる。 ⇒たとえば、期間の定めのある労働契約について、「契約を更新する（しない）場合がある」と定められており、かつ、労働者本人が契約の更新または延長を申し出たにもかかわらず離職した場合などが該当する。
正当な理由のある自己都合による離職の場合	①体力の不足、心身の障害、疾病、負傷、視力・聴力・触覚の減退などによる離職 ②妊娠、出産、育児などにより離職し、受給期間延長措置を受けた者 ③両親の死亡、疾病、負傷などのため、両親を扶養するために離職を余儀なくされた場合、または、常時看護を必要とする親族の疾病、負傷などのために離職を余儀なくされた場合のように、家庭の事情が急変したことによる離職 ④配偶者または扶養すべき親族と別居生活を続けることが困難となったことによる離職 ⑤次の理由により通勤不可能または困難となったことによる離職 　i）結婚に伴う住所の変更 　ii）育児に伴う保育所などの利用または親族などへの保育の依頼 　iii）事業所の通勤困難な場所への移転 　iv）自己の意思に反して住所または居所の移転を余儀なくされたこと 　v）鉄道などの運輸機関の廃止または運行時間の変更など 　vi）事業主の命による転勤または出向に伴う別居の回避 　vii）配偶者の事業主の命による転勤もしくは出向または配偶者の再就職に伴う別居の回避 ⑥「解雇」等による離職の場合、⑪（前ページ）に該当しない企業の人員整理などで希望退職者の募集に応じた離職

自己都合か会社都合かの判断基準はどうなっているのか

倒産やリストラ以外にも会社都合退職になる場合がある

解雇以外で会社都合になる場合とは

基本手当（一般に失業手当と呼ばれています）の手続きでは、退職理由が自己都合か会社都合かどうかが大きなポイントになります。会社都合の退職は、特定受給資格者（44ページ）として扱われるため、所定給付日数が自己都合退職の場合と比べて最長で180日多くなります。また、自己都合の退職は、正当な理由によるものでなければ、給付制限が課されます。会社都合の退職として代表なのは、倒産や自分には何の落ち度もない解雇ですが、この2つ以外にも会社都合の退職として扱われる場合がいくつかあります。その例としては、①長時間労働に耐えられず辞めた場合、②会社の理不尽な退職強要で辞めた場合、③契約期間満了で辞めた場合、④契約書に書かれている労働条件と実際の労働条件があまりにも違う場合、⑤会社の業務に法令違反があった場合などが挙げられます。

長時間労働に耐えられずに辞めた場合

長時間の残業を強いられたため耐えきれなくなり退職した場合には、会社都合の退職になる場合があります。具体的には、労働基準法で定められた基準を超える時間外労働を、退職直前の6か月のうち3か月連続して行っていた場合です。時間外労働とは、法定労働時間（原則週40時間）を超える労働のことをいいます。労働基準法は、この時間外労働の上限時間の目安（基準）を定めています。それは1か月で45時間です。したがって、退職直前の6か月のうちに3か月連続して、月45時間以上の残業を強いられていたため退職したのであれば、会社

都合退職と扱われます。

　また、1月で100時間、2～6月平均で月80時間を超える時間外労働が行われた場合も同様にこれに該当します。

会社の執拗な退職強要などで辞めた場合

　会社による不当な退職強要があり、やむなく退職した場合は、会社都合退職になります。具体的には、直接的、間接的な退職の勧奨、人事異動の名を借りた退職の強要、いじめによる退職の強要などがあった場合です。たとえば、長い間経理の仕事一本で勤めていた人をまったく経験のない営業部門に異動させる場合、介護が必要な家族がいる人を単身赴任が必要な地域に異動させる場合などです。いじめによる退職の強要は、薄暗い個室に閉じ込められ、業務に関係のない作文を毎日書かされるケースや、上司、同僚から連日「バカ扱い」されるケースがこれにあたります。

契約期間満了で辞めた場合

　契約期間を定めて働く人が、通算3年未満で契約期間満了により退職する場合には、どちらが契約更新を拒否したかにかかわらず、給付制限がつきません。さらに契約期間満了で退職した人が、一定の要件を満たした場合には、特定受給資格者（会社都合）として扱われ、所定給付日数が優遇されます。その要件は、①過去に契約を更新していること、②現在の職場に3年以上勤務していること、③労働契約の更新を希望していたことの3つです。ただし、定年後再雇用者のように契約更新の上限がたとえば65歳と決められていたような場合で、その期限が到来したことにより離職した場合にはこの基準には該当しません。

　また、期間を定めた労働契約を結ぶ際に、契約を更新することが明示（口約束も可）されていたにもかかわらず、契約が更新されなかった場合には、特定受給資格者（会社都合退職）と扱われます。

9 基本手当の給付制限が行われない場合もある

訓練の受講開始日から給付制限は解除される

正当な理由があれば給付制限は解除される

　自己都合で会社を退職する場合、通常、自分から会社を辞める人は何らかの備えをしていますから、失業してもハローワークで手続きをしてから3か月経過しないと失業手当を受け取れません。これを給付制限といいます。この間、蓄えのない人は、財政的にも精神的にも大変でしょう。ハローワークが「特別な事情があって退職を余儀なくされた」と認定してくれれば、会社都合退職として扱われ、給付制限を免れますが、そのようなケースは少ないようです。しかし、会社都合退職でなくても、給付制限を受けずに手当を受給できるケースがあります。それは退職について、「正当な理由」がある場合です。「正当な理由」は大きく分けて6つあり、1つでもあてはまれば、給付制限が解除されます。「正当な理由」と認められるケースは、たとえば、病気を理由に退職する場合、家族の介護を理由に退職する場合、単身赴任によって家族との共同生活が困難になったことを理由に退職する場合などです（次ページの図）。

　前述した給付制限は、「公共職業訓練を受ける期間」については、課されないことになっています。つまり、制限期間中に職業訓練を開始すれば、受講開始日から給付制限が外れるということです。

　このしくみを利用すれば、給付制限期間を短くすることが可能です。そのためには、退職前から段取りよく行動する必要があります。受給手続き開始後から、訓練の受講を考え始めるのでは、受講開始までにかなり時間がかかってしまうからです。それでは、3か月の給付制限が終わるのを待つのと変わらなくなるおそれがあります。その意味で

は、退職前から、さまざまな情報収集を行い、志望コースを絞り込んでおく必要があるでしょう。

また、競争率の高いコースは選考を通過できない可能性も高いので、選考に通りやすいコースを選ぶことも大切です。

さらに職業訓練への応募は、訓練開始時までに退職が確定していれば、退職前でも可能です。ですので、会社に退職願を出して、すぐに訓練に応募するというテクニックもあります。

このように退職前から綿密に準備しておけば、短期間のうちに職業訓練を受講することが可能になり、給付制限期間を大幅に減らすことができます。ただ、給付制限期間をしのげるだけの経済力がある人は、所定の日数をある程度消化してから、訓練を受講した方がお得です。その方が失業手当を受け取れる期間が長くなるからです。

■ 正当な理由 ···

正当な理由	体力の不足、心身の障害、疾病、負傷、視力の減退、聴力の減退、触覚の減退等により離職した者
	妊娠、出産、育児等により離職し、雇用保険法が定める受給期間延長措置を受けた者
	父・母の死亡、疾病、負傷等のため、父・母を扶養するために離職を余儀なくされた場合のように、家庭の事情が急変したことにより離職した場合
	配偶者または扶養すべき親族と別居生活を続けることが困難となったことにより離職した場合
	結婚に伴う住所の変更、育児に伴う保育所の利用といった理由などで通勤不可能または困難となったことにより離職した場合
	企業の人員整理等で希望退職者の募集に応じて離職した場合

被保険者証はなくさずに

退職時に会社から渡される「雇用保険被保険者証」（60ページ）は、雇用保険に加入していたことを証明するものです。これは、入社時に会社がハローワークで被保険者としての資格の取得手続きを行った際に発行されます。勤め先が変わっても、一度振り出された被保険者番号は、変わりません。再就職先にこの被保険者証を提出し、新たな被保険者証を作成して、記録を引き継ぐことになります。失業等給付を受けるのに必要ですので、大切に保管しましょう。

まずハローワークに離職票を提出しよう

失業等給付をもらう手続きは、自分の住所地を管轄するハローワークに出向いて退職時に会社から受け取った離職票を提出し、求職の申込みをすることからはじまります。

その際に、離職票（54ページ）と個人番号確認書類、本人の写真、印鑑、運転免許証など住所や年齢を確認できるものを提出して、失業等給付を受給できる資格があるかどうかの審査を受けます（57ページ）。

ハローワークに求職の申込みを行い、失業の状態と認められ受給資格が決定した場合でも、決定日から7日間はどんな人も失業等給付を受けることができません。この7日間を待期期間と呼んでいます。7日に満たない失業であれば、手当を支給しなくても、大きな問題はないといえるからです。待期期間中やその後に雇用保険説明会が開催され、受給手続きの進め方や転職活動について説明が行われます。

つまり、待期期間を経た翌日が、失業等給付の対象となる最初の日

ということになります。

▌4週間に1度失業認定が行われる

　この待期期間を過ぎると4週間に1回、失業認定日にハローワークに行くことになります。ここで失業状態にあったと認定されると、その日数分の基本手当が支給されます。

　倒産、リストラなどの理由で離職した人は特定受給資格者にあたりますから、給付制限がありません。したがって、待期期間の満了から約4週間後の失業認定日の後、基本手当が指定口座に振り込まれます。給付制限（49ページ）がある場合とない場合とでは、下図のように支給までの流れが異なります。

■ 基本手当が支給されるまでの流れ ……………………………………

●支給までの流れ（給付制限のない場合）

●支給までの流れ（給付制限がある場合）

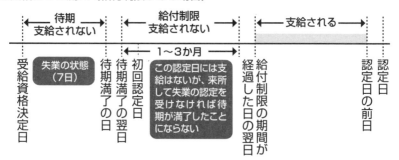

離職票が届いたらどうする

離職票はできればコピーをとっておくとよい

離職票は退職後10日で会社から届く

従業員が退職した場合、会社は退職日の翌日から10日以内に、管轄のハローワークに「雇用保険被保険者資格喪失届」を提出しなければなりません。この「資格喪失届」には、被保険者の氏名、生年月日、被保険者となった年月日、退職理由などが記され、退職日以前の賃金の支払状況を記入した「離職証明書」（54ページ）が添付されます。離職証明書は3枚1組の複写式の用紙になっており、1枚目が事業主控、2枚目は公共職業安定所用、3枚目が離職票になっていて、3枚目だけが退職者に手渡されます。つまり、離職証明書には退職者に交付する離職票と同じことが書いてあることになります。

会社から交付された「離職票」は失業等給付の申請をする際に必要になる重要なものです。通常は会社から郵送などで届けられますが、退職後2週間経っても届かないようであれば、会社に確認した方がよいでしょう。手続きが遅れると、雇用保険の支給開始も遅れてしまい、結果として給付日数が残っていても途中で打ち切られるようなことも考えられます。受給期間をムダにしないように気をつけましょう。

離職票に基づいて受給資格が決まる

離職票は、失業等給付を受ける権利があるのかどうか、またどれだけ受けることができるのかを証明する重要な書類です。

ハローワークはこの書類に基づいて受給資格を決定します。離職票は、退職者の離職前の賃金と離職事由を証明するものです。この書類が証明する内容は、離職者本人が確認した上で署名または記名・押印

様式第5号　　　　　**雇用保険被保険者離職証明書（安定所提出用）**

①被保険者番号	1234 - 567890 - 1	③フリガナ	カトウサトシ	④離職年月日	令和	年 2	月 3	日 20
②事業所番号	1111 - 111111 - 1	離職者氏名	加藤聡					

⑤ 事業所	名称	株式会社佐藤商事	⑥離職者の住所又は居所	〒 120-0123
	所在地	品川区○○1-1-1		足立区○○1-2-3
	電話番号	03-1111-1111		電話番号 (03)1234-5678

この証明書の記載は、事実に相違ないことを証明します。

事業主	住所	品川区○○1-1-1	※離職票交付 令和　年　月　日 （交付番号　　　　番）	離職票交付　受領印
	氏名	代表取締役　佐藤清　㊞		

離職の日以前の賃金支払状況等

⑧ 被保険者期間算定対象期間		⑨⑩の期間における賃金支払基礎日数	⑩ 賃金支払対象期間	⑪⑩の基礎日数	⑫ 賃金 額			⑬ 備考
ⓐ 一般被保険者等	ⓑ 短期雇用特例被保険者				ⓐ	ⓑ	計	
離職日の翌日 3月21日								
2月21日～ 離職日	離職月	29日	2月21日～ 離職日	29日	250,000			
1月21日～2月20日	月	31日	1月21日～2月20日	31日	250,000			
12月21日～1月20日	月	31日	12月21日～1月20日	31日	250,000			
11月21日～12月20日	月	30日	11月21日～12月20日	30日	250,000			
10月21日～11月20日	月	31日	10月21日～11月20日	31日	250,000			
9月21日～10月20日	月	30日	9月21日～10月20日	30日	250,000			
8月21日～9月20日	月	31日	8月21日～9月20日	31日	250,000			
7月21日～8月20日	月	31日	7月21日～8月20日	31日	250,000			
6月21日～7月20日	月	30日	6月21日～7月20日	30日	250,000			
5月21日～6月20日	月	31日	5月21日～6月20日	31日	250,000			
4月21日～5月20日	月	30日	4月21日～5月20日	30日	250,000			
3月21日～4月20日	月	31日	3月21日～4月20日	31日	250,000			
月 日～ 月 日	月	日	月 日～ 月 日	日				

⑭ 賃金に関する特記事項	⑮この証明書の記載内容（⑦欄を除く）は相違ないと認めます。（記名押印又は自筆による署名）
	離職者 （氏名）　加藤聡 ㊞

※公共職業安定所記載欄

⑮欄の記載　　有・無

⑯欄の記載　　有・無

資・聴

本手続きは電子申請による申請も可能です。本手続きについて、電子申請により行う場合には、被保険者が離職証明書の内容について確認したことを証明することができるものを本離職証明書の提出と併せて送信することをもって、当該被保険者の電子署名に代えることができます。

また、本手続きについて、社会保険労務士が事業主の提出代行者であることを証明することができるものを本離職証明書の提出と併せて送信することをもって、当該事業主の電子署名に代えることができます。

社会保険労務士記載欄	作成年月日・提出代行者・事務代理者の表示	氏　名	電話番号	㊞		所長	次長	課長	係長	係

⑦離職理由欄…事業主の方は、離職者の主たる離職理由が該当する理由を１つ選択し、左の事業主記入欄の□の中に○印を記入の上、下の具体的事情記載欄に具体的事情を記載してください。

【離職理由は所定給付日数・給付制限の有無に影響を与える場合があり、適正に記載してください。】

事業主記入欄	離 職 理 由	※離職区分
□ ……	1 事業所の倒産等によるもの	
□ ……	（1）倒産手続開始、手形取引停止による離職	1 A
□ ……	（2）事業所の廃止又は事業活動停止後事業再開の見込みがないため離職	1 B
	2 定年によるもの	
□ ……	定年による離職（定年　　歳）	
	定年後の継続雇用｛を希望していた（以下のａからｃまでのいずれかを１つ選択してください）　　　　　　　　｛を希望していなかった	2 A
	a 就業規則に定める解雇事由又は退職事由（年齢に係るものを除く。以下同じ。）に該当したため	2 B
	（解雇事由又は退職事由と同一の事由として就業規則又は労使協定に定める「継続雇用しないことができる事由」に該当して離職した場合も含む。）	
	b 平成25年3月31日以前に労使協定により定めた継続雇用制度の対象となる高年齢者に係る基準に該当しなかったため	2 C
	c その他（具体的理由　　　　　　　　）	
	3 労働契約期間満了等によるもの	
□ ……	（1）採用又は定年後の再雇用時等にあらかじめ定められた雇用期限到来による離職	2 D
	（1回の契約期間　　箇月、通算契約期間　　箇月、契約更新回数　　回）	
	（当初の契約締結後に契約期間や更新回数の上限を短縮し、その上限到来による離職に該当　する・しない）	2 E
	（当初の契約締結後に契約期間や更新回数の上限を設け、その上限到来による離職に該当　する・しない）	
	（定年後の再雇用時にあらかじめ定められた雇用期限到来による離職で　ある・ない）	
	（4年6箇月以上5年以下の通算契約期間の上限が定められ、この上限到来による離職で　ある・ない）	
	→ある場合（同一事業所の有期雇用労働者に一様に4年6箇月以上5年以下の通算契約期間の上限が平成24年8月10日前から定められて　いた・いなかった）	
□ ……	（2）労働契約期間満了による離職	3 A
	① 下記②以外の労働者	
	（1回の契約期間　　箇月、通算契約期間　　箇月、契約更新回数　　回）	3 B
	（契約を更新又は延長することの確約・合意の　有・無　（更新又は延長しない旨の明示の　有・無　））	
	（直前の契約更新時に雇止め通知の　有　・　無　）	3 C
	（当初の契約締結後に不更新条項の追加が　ある・ない）	
	労働者から契約の更新又は延長｛を希望する旨の申出があった　　　　　　　　　　　　　　　｛を希望しない旨の申出があった　　　　　　　　　　　　　　　｛の希望に関する申出はなかった	3 D
	② 労働者派遣事業に雇用される派遣労働者のうち常時雇用される労働者以外の者	
	（1回の契約期間　　箇月、通算契約期間　　箇月、契約更新回数　　回）	4 D
	（契約を更新又は延長することの確約・合意の　有・無　（更新又は延長しない旨の明示の　有・無　））	
	労働者から契約の更新又は延長｛を希望する旨の申出があった　　　　　　　　　　　　　　　｛を希望しない旨の申出があった　　　　　　　　　　　　　　　｛の希望に関する申出はなかった	5 E
	a 労働者が適用基準に該当する派遣就業の指示を拒否したことによる場合	
	b 事業主が適用基準に該当する派遣就業の指示を行わなかったことによる場合（指示した派遣就業が取りやめになったことによる場合を含む。）	
	（aに該当する場合は、更に下記の5のうち、該当する主たる離職理由を更に1つ選択し、○印を記入してください。該当するものがない場合は下記の6に○印を記入した上、具体的な理由を記載してください。）	
□ ……	（3）早期退職優遇制度、選択定年制度等により離職	
□ ……	（4）移籍出向	
	4 事業主からの働きかけによるもの	
□ ……	（1）解雇（重責解雇を除く。）	
□ ……	（2）重責解雇（労働者の責めに帰すべき重大な理由による解雇）	
	（3）希望退職の募集又は退職勧奨	
□ ……	① 事業の縮小又は一部休廃止に伴う人員整理を行うためのもの	
□ ……	② その他（理由を具体的に　　　　　　　　　　　　　　　）	
	5 労働者の判断によるもの	
	（1）職場における事情による離職	
□ ……	① 労働条件に係る問題（賃金低下、賃金遅配、時間外労働、採用条件との相違等）があったと労働者が判断したため	
□ ……	② 事業主又は他の労働者から就業環境が著しく害されるような言動（故意の排斥、嫌がらせ等）を受けたと労働者が判断したため	
□ ……	③ 妊娠、出産、育児休業、介護休業等に係る問題（休業等の申出拒否、妊娠、出産、休業等を理由とする不利益取扱い）があったと労働者が判断したため	
□ ……	④ 事業所での大規模な人員整理があったことを考慮した離職	
□ ……	⑤ 職種転換等に適応することが困難であったため（教育訓練の　有・無　）	
□ ……	⑥ 事業所移転により通勤困難となった（なる）ため（旧（新）所在地：　　　　　　）	
□ ……	⑦ その他（理由を具体的に　　　　　　　　　　　　　　　　）	
◎ ……	（2）労働者の個人的な事情による離職（一身上の都合、転職希望等）	
□ ……	6 その他（1－5のいずれにも該当しない場合）	
	（理由を具体的に　　　　　　　　　　　　　　　　）	

具体的事情記載欄（事業主用）　　転職希望による自己都合退職

⑯離職者本人の判断（○で囲むこと）
　　事業主が○を付けた離職理由に異議　有り　（無し）

記名押印又は自筆による署名〔離職者氏名〕　　加藤　聡　㊞

してから、会社がハローワークに提出するのが原則です。離職済みの場合には、本人の確認にかわり会社が押印して届け出ることもあります。これらの書類は、ハローワークで会社が作成手続きを行うものです。手続は、本人が実際に離職するまではできないため、後日、郵送などで受け取ることになります。

▌離職内容をしっかり確認する

　離職票をハローワークに提出する前に会社から確認を求められた場合には、離職前の賃金が正しく記入されているか、離職理由の正しい個所に○がついているか、「具体的事情記載欄（事業主用）」に記載されている内容が正しいかを確認しましょう。提出後に会社から離職票を受け取ったときは、「離職理由」と「具体的事情記載欄（事業主用）」をもう一度確認するようにしましょう。間違っているときは、会社に訂正してもらうことができますが、ハローワークから会社に確認してもらうこともできますので、あらかじめ賃金の明細書を用意しておきましょう。離職理由が自分の見解と会社の見解で異なる場合には、ハローワークが、離職理由を裏付ける資料などに基づいて最終判断を下すことになります。

■ 失業等給付受給までの流れ

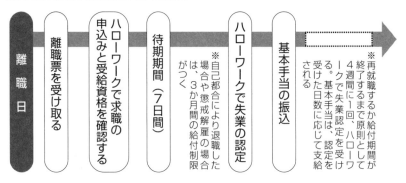

離職日

離職票を受け取る

ハローワークで求職の申込みと受給資格を確認する

待期期間（7日間）
※自己都合により退職した場合や懲戒解雇の場合は、3か月間の給付制限がつく

ハローワークで失業の認定

基本手当の振込

※再就職するか給付期間が終了するまで原則として4週間に1回、ハローワークで失業認定を受ける。基本手当は、認定を受けた日数に応じて支給される

12 ハローワークでどんな手続きをするのか

失業認定日に行かないと基本手当はもらえないので注意する

求職者給付の手続きに必要なものをおさえておこう

　求職者給付の手続きのためにハローワークへ行くときには、①雇用保険被保険者離職票、②個人番号確認書類（マイナンバーカード、通知カードなど）、③印鑑、④運転免許証など官公署の発行した写真つきの身分証明書、⑤写真2枚（上半身、縦3cm×横2.5cm程度）、⑥本人名義の銀行の普通預金通帳（郵便局の貯金通帳も含む）の持参が必要です。

　1つ忘れただけでも受け付けてもらえない可能性がありますので、すべてそろっていることを確認してから出かけるようにしましょう。ハローワークに行くときには、受付時間にも注意しなければなりません。職業紹介については土曜日にも行っているところがありますが、失業等給付の受給手続きについての受付時間は、ハローワークにより若干の差がありますが、平日の9時〜16時までとなっています。早めに行くようにしましょう。

最初に求職の申込みをする

　ハローワークで最初に行わなければならないことは求職の申込みです。求職の申込みは、求職申込書（61ページ）に必要事項を記入し、窓口に提出することから始まります。また、ハローワークのパソコンや自宅のパソコンから求職者情報を仮登録し、それから窓口で手続きを行うこともできます。ハローワークの担当者はこの記入された内容をもとに、できるだけ求職者の希望に近い会社を紹介してくれます。自分に就職したいという意思と能力があることを認めてもらうために

必要な求職申込書は、求職者給付を受ける上で欠かせません。

　自分の希望を上手に伝えることがよい再就職先を見つける第一歩となります。ただし、希望範囲をあまり限定しすぎると、条件に合う会社が少なくなってしまうので注意しましょう。また労働条件にこだわりすぎる場合や、就職できる可能性がほとんどないような職業を希望した場合、失業状態と認定してもらえず、失業等給付の支給が受けられなくなってしまうこともあります。気が進まない場合には最終的に断ればよいのですから、職種、勤務地、月収、勤務時間など希望する条件は、多少幅を持たせるようにしましょう。

　また、過去に経験した仕事の年数や、最後の会社に入社した年といった「数字」は間違いやすいものですので、事前に調べてメモしておきましょう。

▌受給資格決定後に説明会の日時が指示される

　求職の申込みとともに、求職者給付について受給資格の確認が行われます。このときに離職理由の確認や基本手当がどれだけ受けられるかなどが決定されます。

　求職の申込みが終わると、受給資格が決定され、給付課で説明会の日時が指示されます。この説明会で失業等給付を受けるために行う手続きについての説明があり、基本手当を振り込む金融機関の指定届、求職受付票などが配られます。

　手続が終わると、「受給説明会」などの日程が記入されている「雇用保険受給資格者のしおり」が渡されます。このしおりには、今後のための注意事項が書いてあります。

　受給資格決定の日からの7日間が、失業の状態であることを確認するための待期期間となります。

　受給説明会は2時間程度です。給付を受ける際の注意点などについてビデオなどを利用した説明が行われます。最後に、今後の受給に必

要な「雇用保険受給資格者証」(64ページ)と「失業認定申告書」が渡されます。この説明会は大変重要なので必ず出席しましょう。受給説明会は対象者を決めて実施されますので、日を間違えたり、時間に遅れると受けられなくなってしまいます。日時はきちんと確かめておきましょう。ここで渡された「受給資格者証」には、受給資格の決定内容が詳しく記入されているので、よく読んでおく必要があります。

なお、病気やケガ、出産などで退職して、失業当初から求職活動ができない場合は、受給期間の延長を申請しましょう（42ページ）。

▌失業認定日は4週間に1回ある

失業認定日は、原則として4週間に1回指定されます。この指定された日には必ず出席しなければなりません。

認定日に確認されるのは、認定日直前の28日間（初回はもっと短いこともあります）について、実際に失業状態にあったかどうか、ということです。失業状態にあったと認定されると、認定された日数分の基本手当が支給されます。7日間の「待期期間」の翌日からが支給対象日です。ただ、給付制限のある人は、さらに給付制限期間が過ぎてから支給が開始されます。

▌失業認定日に行けない場合にはどうする

失業等給付は、失業していた日について支給されますが、失業していたかどうかは、ハローワークが本人の申告に基づいて認定します。一般被保険者の基本手当の認定は、原則として4週間に1回ずつ、事前にハローワークが指定した日に行われますが、高年齢被保険者の受ける高年齢求職者給付金（35ページ）は、1回の認定だけで一時金として支給されます。

では、この認定日にハローワークに行かなかった場合は、どうなるのでしょうか。その場合、その日に認定されるはずの期間の失業の認

定が受けられないことになり、その結果、その期間の基本手当がもらえなくなってしまいます。そのため認定日を忘れないように注意してください。失業認定日は他の日に変更することができないのが原則ですが、やむを得ない理由によって指定された認定日に行くことができない場合、前日までに連絡をすれば認定日を変更してもらえる場合もあります。

やむを得ない理由とは、次のようなものです。

① すでに就職した（臨時雇用も含む）

② 就職のための面接や採用試験の受験

③ 国家試験や検定などの資格試験の受検

④ 働くことができない14日以内の病気およびケガ

⑤ 親族の看護、危篤、死亡、葬儀

⑥ 本人の結婚または親族の結婚式への出席

⑦ 風水害などの天災

いざというときに困らないように、認定日を変更できるケースを覚えておくとよいでしょう。

■ 雇用保険被保険者証サンプル ·······························

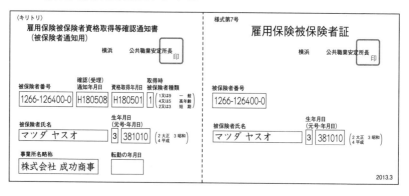

求職申込書【表面】

受付年月日　令和　**2**　年　**7**　月　**1**　日

<table>
<tr><td rowspan="6">①基本情報</td><td>フリガナ</td><td colspan="3">オオヌマ　ノリコ</td><td>性別</td><td>男・<u>女</u></td><td>生年月日</td><td>大正
昭和 51年10月 6 日
平成　（ 43 歳）</td><td>該当する場合はチェックしてください。</td><td>□ 障害あり（※1）
□ 未就職卒業者（※2）</td></tr>
<tr><td>氏名</td><td colspan="3">大沼　　則子</td><td colspan="6"></td></tr>
<tr><td rowspan="2">住所</td><td colspan="9">〒 182 － ○○○○</td></tr>
<tr><td colspan="9">東京都調布市○○町 1 － 1 － 1</td></tr>
<tr><td>最寄り駅</td><td colspan="4">京王線調布</td><td colspan="4">（<u>駅</u>・バス停・その他（　　　　　　）)</td></tr>
<tr><td colspan="10"></td></tr>
</table>

最寄り駅から自宅までの交通手段（<u>徒歩</u>・自転車・バイク・自動車・その他（　　　　　　　　）　所要時間 **10** 分

電話番号　042 - ○○○○ - ○○○○（　呼出　）　　方）　携帯電話 090 - ○○○○ - ○○○○

FAX 番号　☑ 電話番号と同じ　□ 異なる(FAX 番号：　　　－　　　　－　　　　)

②求職情報提供等

求職情報公開　☑ 求職情報を公開する（求人者からのリクエストがくる場合があります。)(※3)　□ 求職情報を公開しない

求職情報提供　☑ 地方自治体・地方版ハローワーク、民間人材ビジネスともに可　□ 地方自治体・地方版ハローワークのみ可
□ 民間人材ビジネスのみ可　□ 地方自治体・地方版ハローワーク、民間人材ビジネスともに不可

ハローワークからの連絡可否　☑ 連絡可（<u>郵便</u>・<u>電話</u>・<u>携帯電話</u>・<u>FAX</u>）　□ 連絡不可

③希望職種・時間等

就業形態　☑ フルタイム　□ パート　□ 季節労働　｜雇用期間 ☑ 定めなし／□ 定めあり（4ヶ月以上）／□ 定めあり（4ヶ月未満）／□ 日雇（日々雇用又は1ヶ月未満）｜希望がある項目全てに☑してください。｜☑ 正社員希望／□ 派遣可／□ 請負可｜<u>公開</u>・非公開

希望する仕事1（※4）　職種：介護職　内容：介護施設での介護業務　（経験（□経験なし　☑3年未満　□3年以上)）｜公開

希望する仕事2（※4）　職種：　　内容：　　（経験（□経験なし　□3年未満　□3年以上)）

希望勤務時間　☑ あり　始業時間 **8** 時 **30** 分 ～ 終業時間 **17** 時 **30** 分
□ なし　1日の希望時間（パート希望の場合のみ記入）時間程度　週の希望日数（パート希望の場合のみ記入）日程度
夜勤　□ こだわらない　□ 可　☑ 不可　　交替制（シフト制）□ こだわらない　□ 可　☑ 不可｜<u>公開</u>・非公開

希望休日・週休二日制　休日希望 ☑ あり　→　□ 月　□ 火　□ 水　□ 木　□ 金　□ 土　☑ 日
□ なし　☑ 祝日　☑ その他（夏季休暇、年末年始休暇等）
週休二日制（フルタイム希望の場合のみ記入）☑ 毎週　□ その他　□ 不問｜<u>公開</u>・非公開

④希望勤務地・賃金

希望勤務地　希望勤務地（※4）：○○都○○市内での勤務を希望
交通手段：[☑ 徒歩　☑ 電車　□ 車　□ バイク　□ 自転車　☑ バス]で[**30**]分以内
マイカー通勤の希望：□ あり　☑ なし　在宅勤務の希望：□ あり　☑ なし｜<u>公開</u>・非公開

UIJターン希望　□ あり (UIJターン先都道府県の希望（3つまで）：　　　　）☑ なし｜<u>公開</u>・非公開

転居　□ 可（単身・家族共）　☑ 不可　<u>公開</u>・非公開　｜海外勤務　□ 可　☑ 不可　｜<u>公開</u>・非公開

（※1）障害者として求職活動を希望する場合に選択してください。
（※2）学校等を卒業又は修了した日の翌日以降、一度も就職していない場合を指します。
（※3）求職情報を公開する場合には、希望職種、希望勤務地、最終学歴、免許・資格等が求人者に公開されます。その他、求人者からリクエストがあり、ハローワークから連絡することがあります。なお、「公開・非公開」マークがある項目は、公開の可否を選択することができます。
（※4）更に追加が必要な場合は続紙をご利用ください。　（※5）直近のものから順番に記載してください。
（※6）外国人（特別永住者を除く）の方は、在留期間、在留期間、資格外活動許可の有無を記載してください。また、在留資格「特定技能」の場合は、対応する特定産業分野、業務区分も記載してください。

(R020401)

求職申込書【裏面】

<table>
<tr><td rowspan="8">④希望勤務地・賃金</td><td rowspan="2">希望賃金</td><td>☑希望月収(税込)(23 万円以上) 公開</td><td rowspan="2">家庭の状況</td><td>配偶者: ☑あり □なし</td></tr>
<tr><td>□希望時間額(パート希望の場合)(円以上) 非公開</td><td>扶養家族: 0 人</td></tr>
<tr><td colspan="2">仕事をする上で留意を要する家族(乳幼児・要介護者等)</td><td colspan="2">☑あり(小学校低学年1人) □なし</td></tr>
<tr><td colspan="2">仕事をする上で身体上注意する点</td><td colspan="2">□あり( ) ☑なし</td></tr>
<tr><td colspan="2">就職についての条件・その他の希望(※6)</td><td colspan="2">育児(小学生1人)しながらの就業であるため、
日曜日は休みを希望</td></tr>
<tr><td colspan="2">こだわり条件(3つまで選択可)</td><td colspan="2">☑職種(仕事の内容) □勤務時間 □就業形態 ☑休日 ☑勤務地 □賃金</td></tr>
</table>

<table>
<tr><td rowspan="12">⑤学歴・資格</td><td rowspan="3">学歴</td><td>最終学歴:□中学 ☑高校 □高等学校専攻科 □高専(年制) □専修・専門 □短大 □大学 □大学院 □能開校</td><td rowspan="3">公開</td></tr>
<tr><td>区分:☑卒業・修了 □卒業・修了予定 □中退 □在学中 卒業年月(公開対象外):大正・昭和 (平成) 令和 13 年 3 月</td></tr>
<tr><td>専攻科目: 普通科 備考:</td></tr>
<tr><td rowspan="3">訓練受講歴1(※4)</td><td>機関(訓練校・各種学校): ○○○○○○○校</td><td rowspan="3">公開・非公開</td></tr>
<tr><td>学科(コース)名: 介護福祉コース</td></tr>
<tr><td>科目内容: 介護職員初任者研修、レクリエーション介護士2級の養成
受講期間:昭和 (平成) 令和 31 年 1 月 7 日 ~ 昭和 (平成) 令和 31 年 3 月 28 日</td></tr>
<tr><td rowspan="4">免許・資格(※4)</td><td>普通自動車運転免許:☑あり(□限定なし ☑AT限定) □なし 公開 非公開</td><td rowspan="4">公開</td></tr>
<tr><td>(介護職員初任者研修) 取得:昭和 (平成) 令和 31 年 3 月)</td></tr>
<tr><td>免許・資格(レクリエーション介護士2級) 取得:昭和 (平成) 令和 31 年 3 月)</td></tr>
<tr><td>( ) 取得:昭和・平成・令和 年 月)</td></tr>
<tr><td rowspan="2">PCソフト・PCスキル</td><td>文書作成ソフト: 報告書作成
表計算ソフト: データ集計</td><td rowspan="2">公開・非公開</td></tr>
<tr><td>プレゼンテーション資料作成ソフト:
その他のソフト:</td></tr>
</table>

<table>
<tr><td rowspan="12">⑥経歴</td><td rowspan="6">経験した主な仕事1(※4、5)</td><td>就業形態: ☑雇用 □自営 雇用形態: ☑正社員 □正社員以外( )</td><td rowspan="12">非公開</td></tr>
<tr><td>職種: 介護職 退職時(現在)の税込月収: 24 万円 非公開</td></tr>
<tr><td>仕事内容: 介護施設での介護業務全般</td></tr>
<tr><td>在籍期間:昭和 (平成) 令和 28 年 4 月 ~ 昭和 (平成) 令和 30 年 12 月</td></tr>
<tr><td>働いていた(いる)期間:約 年 ヶ月間 現在の状況: ☑既退職 □在職中</td></tr>
<tr><td>退職理由: ☑自己都合 □期間満了 □定年退職 □解雇・雇い止め □その他
[その他の退職理由:]</td></tr>
<tr><td rowspan="6">経験した主な仕事2(※4、5)</td><td>就業形態: ☑雇用 □自営 雇用形態: □正社員 ☑正社員以外(契約社員)</td></tr>
<tr><td>職種: 一般事務 退職時(現在)の税込月収: 24 万円 非公開</td></tr>
<tr><td>仕事内容: 電話応対、来客対応、郵便物発送・収受、労務管理、
公的機関への書類提出など</td></tr>
<tr><td>在籍期間:昭和 (平成) 令和 14 年 4 月 ~ 昭和 (平成) 令和 18 年 3 月</td></tr>
<tr><td>働いていた(いる)期間:約 年 ヶ月間 現在の状況: ☑既退職 □在職中</td></tr>
<tr><td>退職理由: ☑自己都合 □期間満了 □定年退職 □解雇・雇い止め □その他
[その他の退職理由:]</td></tr>
</table>

求職者マイページの開設をご希望される場合は、Eメールアドレスをご記入ください。

Eメールアドレス:

(R020401)

求職申込書（自己PRシート） 受付年月日 令和 2 年 7 月 1 日

・求職情報の公開を希望する場合（※1）や求職情報の提供を希望する場合（※2）、本シートをご記入ください。
（※1：「求職申込書」で「求職情報を公開する」にチェックした場合※2：「求職申込書」で「求職情報提供」について「可」とした場合）
・「求職申込書」で①「公開」と表示された項目、②「公開」を選択した項目、③本シートの項目（氏名、性別、生年月日を除く）が
求職情報として公開・提供されます。

フリガナ	オオヌマ ノリコ	性別	男⊗	生年月日	大正 昭和 平成	51 年 10 月 6 日
氏 名	大沼 則子					（ 43 歳）

① 専門知識・技術・能力の内容

≪自由入力です。自分の能力を示す事実（活かせる技能・技術・知識）や能力を身につけるために努力した経験（業務
関連の学歴、職業訓練、社内研修、自己啓発）などを記入してください。≫

　　もともと母親が介護施設で栄養士をしており、小さい頃から母親と一緒に
介護施設に行くことが多く、高齢者と会話をすることが自然とできます。
　　育児をしながら、家庭との両立ができる介護の仕事を選び2年8カ月ほど
介護施設で介護の経験をしました。具体的には、食事介助や入浴介助、排泄
介助などです。
　　職業訓練を受講し、介護職員初任者研修も修了しました。

公開

(最大600文字)

② アピールポイント

≪仕事に対する取組姿勢、仕事に活かせる特技や過去の成果など、特に求人者にアピールしたいことについて記入し
てください。≫

　　前職では、介護業務全般だけでなく、レクリエーションにも力を入れてき
ました。1日の多くを部屋で過ごされる利用者様も多い中、毎週1回レクリ
エーションの時間を設けることで、別の利用者様と接する機会や体を動かす
時間を増やすことができました。楽しそうにされている笑顔を見ると、レク
リエーションを企画してよかったと、仕事のやりがいにもつながりました。
　　職業訓練では、介護職員初任者研修の他にレクリエーション介護士2級も
取得したので、経験と知識を活かしていきたいと考えています。

公開

(最大600文字)

③ その他特記事項

≪自由入力です。上記のほか、特に求人事業主にアピールしたい内容や希望する条件等があれば記入してください。≫
　　私の長所は、「明るい」ことです。笑顔で話しかけることで、周りを明る
くすることができます。以前に勤めていた会社の同僚からも同様の評価をい
ただいています。
　　また、小学生の子どもがいるため、日曜日は休日を希望しています。
　　よろしくお願いいたします。

公開

(最大600文字)

(R020401)

資料　雇用保険受給資格者証サンプル（第1面）

様式第11号（第17条の2関係）（第1面、第2面）

雇用保険受給資格者証

（第1面）

1. 支給番号	48010-17-000109-7	2. 氏名　コヨウ タロウ
3. 被保険者番号	4800-010566-2	4. 性別 男　5.職種 27　6. 生年月日 4-010416　7. 求職番号 12345
		8. 住所又は居所

9. 支払方法記号（口座）番号・金融機関名・支店名　安定所現金（G）

10. 資格取得年月日 190401	11. 離職年月日 281231	12. 離職理由	
13. 60歳到達時賃金日額 190401	14. 離職時賃金日額 6,666	15. 給付制限	
16. 求職申込年月日 290104	17. 認 1型-月 定 日	18. 受給期間満了年月日 291231	
19. 基本手当日額 4,747	20. 所定給付日数 90	21. 通算被保険期間 090900　40	
22. 離職 前職 事業所名			
23. 再就職手当支給歴	24. 特殊表示（災害時、一括、巡回、市町村） 0 0 0 0		

安定所連絡メッセージ1
安定所連絡メッセージ2
管轄公共職業安定所又は　〒177-0044　練馬区上石神井
管轄地方運輸局所在地
電話番号　03-3929-3311

折り曲げ線

支付　年　月　日　センター　公共職業安定所長業安定
公共職業安定所長印

出典：厚生労働省ハローワークインターネットサービス

注　意　事　項

1　この証は、第１面の受給期間満了年月日までは大切に保管してください。もし、この証を滅失したり、損傷したときは、速やかに申し出て再交付を受けてください。なお、この証は、折り曲げ線以外では折り曲げないでください。

2　失業の認定、又は失業等給付を受けようとするときは、この証を失業認定申告書、その他関係書類に添えて原則として公共職業安定所又は管轄地方運輸局の長に提出してください。

3　あなたが口座振込による失業等給付を受ける場合、支給金額欄の金額を、あらかじめ指定された金融機関の預貯金口座に振込む手続きを、その金融機関に行いますので、その金融機関から支払を受けることができる日が、基本手当の支給日となります。

4　定められた失業の認定日に来所しないときは、基本手当の支給を受けることができなくなることがあります。

5　失業の認定を受けようとする期間中に就職した日があったとき、又は自己の労働によって収入を得たときは、その旨を必ず届け出てください。

6　偽り、その他不正の行為によって失業等給付を受けたり、又は受けようとしたときは、以後失業等給付を受けることができなくなるばかりでなく、不正受給した金額の返還を命ぜられたり、一定の金額の納付を命ぜられ、また、処罰されることがあります。

7　氏名又は住所若しくは居所を変更したときは、その後最初に来所した失業の認定日に届書を提出してください。

8　第１面に書かれている所定給付日数は、受給期間満了年月日までの同一に失業等給付（傷病手当）の支給を受けることができる最大限の日数です。

9　失業等給付に関する処分又は上記６の返還若しくは納付を命ずる処分について不服があるときは、その処分があったことを知った日の翌日から起算して３箇月以内に、雇用保険審査官に対して審査請求をすることができます。

10　雇用保険についてわからないことがあった場合には、公共職業安定所又は地方運輸局の窓口で御相談ください。

雇用保険説明会　　　　年　　月　　日　出席済

折　り　曲　げ　線

被保険者番号

求職番号　　（バーコード貼付欄）

支給番号　　（バーコード貼付欄）

（第２面）
2017. 1

失業認定申告書はこう書く

就職活動の状況や就労の有無を記載する

認定期間中の就労について正確に申告する

　4週間に1回の認定日には前回の認定日から今回の認定日の前日までの就職活動の状況や、就労の有無などを申告する失業認定申告書（次ページ）をハローワークに提出する必要があります。

　この期間内に就職・就労・内職・手伝いなどを行った場合には、申告書のカレンダーの該当日をマークします。この場合、収入のあった日と金額も申告します。申告した内容が事実と異なる場合、たとえ悪意はなかったとしても不正受給とみなされてしまいますから注意してください。

　収入があったことを申告したら、基本手当が支給されなくなるように思うかもしれませんが、その時点では支給されなくても、本来の支給終了日の後にプラスされるので心配は無用です。

　また、就職活動状況の記入欄も重要なものです。この欄には就職先を探したかどうか、結果はどうだったか、探さなかった場合にはその理由など、事実を記入します。現在は、認定日ごとに少なくとも2回以上の「求職活動実績」が必要です。ただ、実際に応募した場合だけでなく、ハローワークの求人情報（備えつけのパソコンで検索できます）をもとに相談窓口で相談するだけでも「求職活動」として認められます。

　なお、自己都合などで退職した場合には、給付制限期間中（3か月）とその直後の認定対象期間を合わせた期間について、原則3回以上の求職活動実績が必要となります。

様式第14号（第22条関係）（第1面）

失業認定申告書

※ 帳票種別　11203

（必ず第2面の注意書きをよく読んでから記入してください。）

1 失業の認定を受けようとする期間中に、就職、就労又は内職・手伝いをしましたか。	（ア）した　就職又は就労をした日は○印、内職又は手伝いをした日は×印を右のカレンダーに記入してください。	4 月
	（イ）しない	5 月

4 月カレンダー：
1 2 3 4 5 6 7
8 9 10 11 12 13 14
15 16 ×× 19 20 21
22 23 24 25 26 27 28
29 30 31

5 月カレンダー：
1 2 3 4 5 6 7
8 9 10 11 12 13 14
15 16 17 18 19 20 21
22 23 24 25 26 27 28
29 30 31

（あてはまるものに○をつけ、必要なことがらを記入してください。）

2 内職又は手伝いをして収入を得た人は、収入のあった日、その額（何日分か）などを記入してください。	収入のあった日	4 月 18 日	収入額	8,800 円	何日分の収入か	1 日分
	収入のあった日	月 日	収入額	円	何日分の収入か	日分
	収入のあった日	月 日	収入額	円	何日分の収入か	日分

3 失業の認定を受けようとする期間中に、求職活動をしましたか。

（1）求職活動をどのような方法で行いましたか。

求職活動の方法	活動日	利用した機関の名称	求職活動の内容
（ア）公共職業安定所又は地方運輸局による職業相談、職業紹介等	4/24	ハローワーク新宿	職業相談を行い○○商事（株）への紹介を受けて 5/7 の面接予約
（イ）職業紹介事業者による職業相談、職業紹介等	4/26	ハローワーク新宿	ハローワークで面接対策講座を受講
（ウ）派遣元事業主等による派遣就業相談等			
（エ）公的機関等による職業相談、職業紹介等			

（ア）求職活動をした

（2）（1）の求職活動以外で、事業所の求人に応募したことがある場合には、下欄に記載してください。

事業所名、部署	応募日	応募方法	職種	応募したきっかけ	応募の結果
（電話番号　　　　　）				（ア）知人の紹介（イ）新聞広告（ウ）就職情報誌（エ）インターネット（オ）その他	
（電話番号　　　　　）				（ア）知人の紹介（イ）新聞広告（ウ）就職情報誌（エ）インターネット（オ）その他	

（イ）求職活動をしなかった　（その理由を具体的に記載してください。）

4 今、公共職業安定所又は地方運輸局から自分に適した仕事が紹介されれば、すぐに応じられますか。	（ア）応じられる	イに○印をした人は、すぐに応じられない理由を第2面の注意の8の中から選んで、その記号を○で囲んでください。
	（イ）応じられない	（ア）　　（イ）　　（ウ）　　（エ）　　（オ）

5 就職もしくは自営した人又はその予定のある人が記入してください。	ア 就職	（1）公共職業安定所又は地方運輸局紹介（2）地方公共団体又は職業紹介事業者紹介（3）自己就職　　月　日より就職（予定）	（就職先事業所）事業所名（　　　　　　）所在地（〒　　　　　　）電話番号（　　　　　　）
	イ 自営	月　日より自営業開始（予定）	

雇用保険法施行規則第22条第1項の規定により上記のとおり申告します。

令和 ○ 年 ○○ 月 ○○ 日
（この申告書を提出する日）

○○ 公共職業安定所長 殿
地方運輸局長

受給資格者氏名　大沼　則輝　㊞
支給番号（　○○-○○○○○○-○　）

※公共職業安定所又は地方運輸局記載欄	1. 支給番号 　　-　　　　-		2. 未支給区分 （空欄：未支給以外／未支給）	3. 待期満了年月日		
	4. 支給期間 （初日）～（末日）		5. 内職また手伝いによる収入 （労働日数）（収入額）		6. 基本手当支給日数	
	7. 就業手当支給日数		8. 就業手当に相当する特別給付支給日数		9. 就職年月日・経路	

次回認定日・時間	認定対象期間	月 日～ 月 日	※連絡事項		取扱者印	操作者印
月 日 時から 時まで	備考					

2019. 5

14 失業等給付の受給中に病気やケガをしたらどうする

病気やケガの期間によって手続きが変わる

15日以上30日未満の間働けない場合は傷病手当を受ける

　ハローワークに行って（出頭）、求職の申込みをした後に、引き続き30日以上働くことができなかったときは、受給期間の延長をすることができます（42ページ）。また、疾病または負傷が原因で継続して15日以上（30日未満）職業に就けない場合は、傷病手当支給申請書（次ページ）を提出することで基本手当に代えて、傷病手当を受給することができます。傷病手当も求職者給付のひとつです。なお、15日未満の病気やケガなどについては、傷病証明書により失業の認定が受けられます。つまり、基本手当の対象です。

　傷病手当が支給されるのは、一般被保険者だけです。傷病手当の受給要件は次の3つです。

① 　受給資格者であること
② 　離職後、ハローワークに出頭し、求職の申込みをすること
③ 　求職の申込後に病気やケガのため、継続して15日以上職業に就けない状態にあること

　傷病手当の支給額は基本手当とまったく同額です。単に名前が変わって支給されるものと考えてください。傷病手当の支給日数は、求職の申込みをした労働者の基本手当の所定給付日数から、その労働者がすでに支給を受けた給付日数を差し引いた日数になります。なお、基本手当の待期期間や給付制限期間については、傷病手当は支給されません。

傷病手当支給申請書

様式第22号

※ 帳票種別
`1 2 2 0 9`

1.支給番号
`□□ - □□□□□ - □`

2.未支給区分
`□`（空欄 未支給以外　1 未支給）

3.支給期間（初日）　（末日）
元号 `□ - □□ 年 □□ 月 □□ 日 - □□ 年 □□ 月 □□ 日` （4 平成 5 令和）

4.傷病日数 `□□□`

5.特例日額不支給日数 `□□□`

6. 内職（労働日数－収入額）
`□□□□ - □,□□□,□□□ 円`

7. 公害補償手当減額分
`□,□□□,□□□ 円`

傷病手当不支給日数 `□□□`

申請者	1 氏名	橘くるみ	2 性別	男・⊘女	3 生年月日	大正 昭和 平成 令和 56 年 6 月 10 日

診療担当者の証明	4 傷病の名称及びその程度	肺炎				
	5 初診年月日	令和 ○ 年 8 月 26 日	6 傷病の経過	令和 ○ 年 9 月 15 日		治ゆ・転医 中止・継続中
	7 傷病のため職業に就くことができなかったと認められる期間	令和 ○ 年 8 月 26 日から		令和 ○ 年 9 月 15 日まで		21 日間
	8 上記のとおり証明する。 令和 ○ 年 9 月 15 日　（電話番号　　　　　　）					
		診療機関の所在地及び名称　豊島区大塚4-1-16 診療担当者氏名　東京中央病院		平田隆之 ㊞平田		

支給申請期間	9 同一の傷病により受けることのできる給付	第2面の注意の3の中から選んでその番号を○で囲んでください。	(1) (2) (3) (4) (5) (6) (7) (8)	
	10 9の給付を受ける	令和 年 月 日 から	令和 年 月 日 まで	日間
	ことのできる期間	令和 年 月 日 から	令和 年 月 日 まで	日間
	11 傷病手当の支給を受けようとする期間	令和 ○ 年 8 月 26 日 から	令和 ○ 年 9 月 15 日 まで	21 日間

12 内職若しくは手伝いをした日、又は収入のあった日、その額等を記入してください。	内職又は手伝いをした日 月／ 月／ 月／ 日 日 日	収入のあった日 月 日 収入額 円 何日分の収入か 日分 収入のあった日 月 日 収入額 円 何日分の収入か 日分 収入のあった日 月 日 収入額 円 何日分の収入か 日分

雇用保険法施行規則第63条第2項の規定により上記のとおり傷病手当の支給を申請します。

令和 ○ 年 10 月 10 日

公共職業安定所長
地方運輸局長　殿

申請者氏名　橘くるみ ㊞橘
支給番号（ 01-014646-3 ）

※ 処理欄	支給期間 令和 年 月 日 から	令和 年 月 日 まで	日間

備考

※ 所属長	次長	課長	係長	係	操作者

2019.5

雇用継続給付にはどんな給付があるのか

失業しないようにするための給付がある

失業を予防するための給付

　少子高齢化に伴う雇用情勢の変化の中で、労働者にさまざまな問題が起きています。加齢による労働能力の低下や介護のための休業の取得により、賃金収入が減少する、あるいはなくなることもあります。こうした状況を放置してしまうと、労働者の雇用の継続が困難となり、失業してしまうことも十分に考えられます。

　そこで、雇用保険では、「雇用の継続が困難となる事由」が生じた場合を失業の危険性があるものとして取り扱うことにしました。雇用の継続が困難となる事由が生じた場合には雇用継続給付が行われます。雇用継続給付には、高年齢雇用継続給付、介護休業給付があります。

　なお、育児休業給付は、令和2年の法改正により、雇用継続給付から外れ、新たに育児休業給付という区分が創設され、子を養育するために休業した労働者の生活及び雇用の安定を図るための給付と位置付けられました（238ページ）。

育児休業をした場合の給付

　少子化傾向や女性の社会進出に対応するため、育児休業を取得しやすくすることを目的とした給付が育児休業給付です。

　1歳未満の子の養育を理由に休みを取得できるのが育児休業制度です。なお、子が1歳以上になっても保育園に預けられないなどの事情がある場合には、1歳6か月まで、それでも上記のような事情がある場合で働けないときには2歳まで延長することができます。育児休業給付金は、雇用保険の一般被保険者が育児休業を取得した場合に支給

されます。支給金額は、休業開始時の賃金日額に支給日数を乗じた額の50％（休業開始後6か月間については67％）相当額となります。また、父母がともに育児休業を取得するパパママ育休プラス制度を利用する場合は、子が1歳2か月になるまで育児休業給付を受けることができます。

介護休業をした場合の給付

被保険者が家族（配偶者や父母、子など一定の家族）を介護するために、介護休業を取得した場合に支給されます。介護休業給付を受けることができるのは、介護休業開始前2年間に、賃金支払の基礎となった日数が11日以上、もしくは賃金支払の基礎となった時間が80時間以上ある月が12か月以上ある被保険者だけです。介護休業給付は、介護休業開始日から最長3か月（93日）を限度として取得でき、介護休業開始時賃金日額の67％（原則）相当額が支給されます。介護休業給付は、同一の家族について3回に分けて支給することもできますが、通算の限度日数は93日となります。

高年齢雇用継続給付には2種類ある

今後の急速な高齢者の増加に対応するために、労働の意欲と能力のある60歳以上65歳未満の者の雇用の継続と再就職を援助・促進していくことを目的とした給付が高年齢雇用継続給付です。

高年齢雇用継続給付には、①高年齢雇用継続基本給付金と、②高年齢再就職給付金の2つの給付があります。

高年齢雇用継続基本給付金が支給されるのは、被保険者（労働者）が定年再雇用などにより、60歳以降の賃金と60歳時の賃金を比較して大幅に低下したときに支給されます。具体的には、60歳時点に比べて各月の賃金額が61〜75％未満に低下した状態で雇用されているときに、下図のような額の高年齢雇用継続基本給付金が支給されます。図

中のみなし賃金日額とは、60歳に達した日以前の6か月間の賃金の総額を180で割った金額のことです。

　高年齢再就職給付金とは、雇用保険の基本手当を受給していた60歳以上65歳未満の受給資格者が、基本手当の支給日数を100日以上残して再就職した場合に支給される給付のことです。支給残日数が100日以上200日未満であれば1年間、200日以上であれば2年間、高年齢雇用継続基本給付金と同じ支給額を受け取ることができます。

　なお、令和7年4月からは、高年齢雇用継続給付の支給額が縮小される予定です。具体的には、60歳時点に比べて各月の賃金額が64%（変更前は61%）未満となった場合、実際に支払われた賃金額に10%（変更前は15%）を乗じた額が支給されることになります。また、64〜75%未満に低下した状態で雇用されている場合、実際に支払われた賃金額に10%から一定割合で減らした率を乗じた額が支給されることになります。

■ 高年齢雇用継続基本給付金の支給額 ……………………………

支払われた賃金額		支　給　額
みなし賃金日額×30日の	61%未満	実際に支払われた賃金額×15%
	61%以上75%未満	実際に支払われた賃金額×15%から一定の割合で減らした率
	75%以上	不支給

16 再就職先が見つからないときはどうする

職業訓練を受講し、延長給付も受けられる

基本手当が延長して支給される場合がある

本来の基本手当の給付日数では保障が足りない人に対して、給付日数を延長する制度も用意されています。

たとえば、受給資格者がハローワークの指示した公共職業訓練等（期間が2年以内のもの）を受講する場合に、訓練が終了する日までは、本来の所定給付日数を超えて基本手当が支給されます。公共職業訓練等を受けるために待機している人については、90日間までは延長給付を受けることができます。訓練等を受け終わっても、まだ就職が困難と認められる受給資格者には、さらに30日間を上限として給付日数が延長されます。

また、失業者が多数発生したと指定された地域で管轄区域外での求人活動である「広域職業紹介活動」が必要と認められる受給資格者には、90日分までは所定給付日数を超えて基本手当を受給できます（広域延長給付）。広域延長給付を受けた場合、受給期間も給付日数延長分だけ延長されます。

職業訓練を受講すると技能習得手当が支給される

就職・転職をする場合は、何らかの資格や技術をもっていた方が有利です。

ただ、就職や転職にあたって、何か手に職をつけたいと思っても、専門学校などに通うとなるとそれなりのお金と時間がかかります。そのような場合、独立行政法人高齢・障害・求職者雇用支援機構の運営する訓練施設（職業能力開発促進センターなど）や都道府県で運営す

る公共職業訓練学校（民間の専門学校に訓練を委託して行う場合もある）で職業訓練を受けるという方法があります。公共職業訓練の受講料は無料です。その上、雇用保険の失業等給付（基本手当）の給付制限が解除されたり、訓練中は失業等給付が延長支給されたりする場合もあります。

　職業訓練の受講対象者は、原則として、積極的な求職活動をしている者で、受講開始日からさかのぼって１年以内に公共職業訓練を受講していない者です（自治体によって異なることもあります）。訓練期間は３か月から１年とされ、訓練内容としては、職業能力開発促進センターは、たとえば金属加工科、住宅リフォーム技術科など「ものづくり」を中心とした講座を用意しています。また都道府県では、その地域の経済の実情に合わせた訓練を行っており、介護サービス科、ホテルサービス科などの講座を設けているところもあります。

　ただ、訓練の内容（科目）によっては、年齢や離職者・転職者向け、障害者あるいは雇用保険受給者を対象とするなど、年齢や状況によって対象者を限定している場合もあります。離職者・転職者向けの訓練は、ハローワークが求職者に対する職業相談などを行い、離職者訓練の受講が就職に必要であると認め、職業訓練を受けるために必要な能力があると、ハローワークが判断した場合に、離職者訓練受講の斡旋が行われることになります。なお、公共職業訓練の情報は、インターネットhttps://www.hellowork.mhlw.go.jp/で探すこともできます。

　職業訓練を受けるときに知っておきたい給付金が、雇用保険の技能習得手当です。技能習得手当は、職業訓練を利用して失業中に新しい技術を身につけたいという人をバックアップしてくれる手当です。

技能習得手当には２種類ある

　雇用保険の基本手当（求職者給付のこと）を受給する権利のある者（受給資格者）が公共職業安定所長の指示する公共職業訓練を受講す

る場合、その受給期間について、基本手当に加えて、技能習得手当が支給されます。技能習得手当には、①受講手当と②通所手当の2つの種類があります。

① 受講手当

受給資格者が公共職業安定所長の指示する公共職業訓練などを受講した日であって、かつ基本手当の支給の対象となる日について1日あたり500円（上限20,000円）が支給されます。

待期期間（7日間）、給付制限される期間、傷病手当（68ページ）が支給される日、公共職業訓練を受講しない日については受講手当は支給されません。いわば、訓練生の昼食代補助のようなものです。

② 通所手当

公共職業安定所長の指示する公共職業訓練等を受講するために電車やバスなどの交通機関を利用する場合に支給される交通費です。マイカーを使った場合も支給の対象となります。原則として、片道2km以上ある場合に支給されます。支給額は通所（通学）距離によって決められていて、1か月の上限額は4万2500円です。基本手当の支給の対象とならない日や公共職業訓練等を受けない日があるときは、その分、日割り計算で減額され支給されます。

■ 家族と離れて暮らすときには寄宿手当も出る

雇用保険の受給資格者が公共職業訓練等を受けるために、扶養家族

■ 技能習得手当 ･･････････････････････････････

技能習得手当 ┬ ①受講手当･･･1日あたり原則500円
　　　　　　　　（上限20,000円）
　　　　　　└ ②通所手当･･･交通費実費
　　　　　　　　（1か月の上限42,500円）

（配偶者や子など）と離れて暮らす必要がある場合には、その期間について、寄宿手当が支給されます。寄宿手当の支給額は月額１万700円（定額）です。ただし、１か月のうち、家族と一緒に暮らしている日については、１万700円からその分減額され寄宿手当が支給されることになります。

■ 再就職先を辞めた場合に以前の資格で基本手当を受給できるか

　失業後、就職活動をして、新しい再就職先が見つかったとしても、再就職先の雰囲気になじめず、辞めてしまう人もいるでしょう。また、再就職先でも数か月で解雇されてしまうケースもあります。このように、再就職先を辞めてしまった場合でも、次の①〜③の要件にあてはまれば、雇用保険の基本手当を受給できます。受給するための要件や、必要書類については管轄のハローワークに問い合わせてみるのがよいでしょう。

① 　再就職する前に基本手当をもらっていないか基本手当の残りがある

② 　前の会社を辞めた翌日から１年以内で、基本手当の受給期限内（前の離職日の翌日から原則１年）である

③ 　再就職先で雇用保険の加入期間が１年（または６か月）以内で、新たな受給資格が発生していない

　再就職手当を受け取っている場合、以下の計算式で算出します。

受給日数＝所定給付日数－すでに受給した日数－再就職手当に該当する日数

　手続きには、雇用保険受給資格者証と離職票もしくは喪失確認通知書が必要となります。支給の対象となる日は、離職後にハローワークで届け出を行い、再求職申込みをした日からとなるため、できるだけ早くハローワークで手続きを済ませる方がよいでしょう。

17 再就職を支援するさまざまな給付について知っておこう

再就職を促進するいろいろな制度がある

再就職を応援するのが就職促進給付

雇用保険には失業したときに支給される給付だけでなく、失業者の再就職活動をより直接的に援助・促進するための給付があります。これを就職促進給付といいます。就職促進給付には支給目的によって以下の3つの種類があります。

① 就業促進手当

② 移転費

③ 求職活動支援費

①はさらに、「就業手当」「再就職手当」「就業促進定着手当」「常用就職支度手当」の4種類に分かれます。ただし、就職促進手当（常用就職支度手当は除く）の受給対象者に、65歳以上の高年齢受給資格者（失業した高年齢継続被保険者で高年齢求職者給付金の受給資格のある者）は含まれませんので、65歳以上の定年退職者などが仕事を見つけたとしても支給されません。

再就職手当は早期再就職したときに支給される

受給資格者（失業した一般被保険者で基本手当の受給資格のある者）が失業後、早期に再就職した場合に支給されます。支給額は所定給付日数の支給残日数に基本手当日額を掛けて算出した金額の6割に相当する額です（一定の上限額があります）。

再就職手当＝所定給付日数の支給残日数×60％もしくは70％×基本手当日額（上限あり）

給付額は基本手当の支給残日数によって異なります。基本手当の支

給残日数が３分の２以上の受給者に対しては支給残日数に基本手当日額を掛けて算出した金額の７割、３分の１以上の受給者に対しては支給残日数に基本手当日額を掛けて算出した金額の６割が支給されます。

　なお、再就職手当を計算する際の基本手当日額については、離職時の年齢によって上限額が定められており、離職時の年齢が60歳未満の場合には6,195円、60歳以上65歳未満であれば5,013円が上限となります（令和２年８月１日現在）。

　再就職手当は、受給資格者が以下の要件のすべてに該当する場合に支給されます。

① 受給手続後、７日間の待期期間満了後に就職、または事業を開始したこと

② 就職日の前日までに失業の認定を受けた上で、基本手当の支給残日数が、所定給付日数の３分の１以上あること

③ 離職した前の事業所に再び就職したものでないこと。また、離職した前の事業所と資本・資金・人事・取引面で密接な関わり合いがない事業所に就職したこと

④ 自己都合などの理由で離職したために給付制限を受けている場合には、求職申込後、待期期間満了後１か月の期間内は、ハローワークまたは職業紹介事業者の紹介によって就職したものであること

⑤ １年を超えて勤務することが確実であること

⑥ 原則として、雇用保険の被保険者になっていること

⑦ 過去３年以内の就職について、再就職手当または常用就職支度手当の支給を受けたことがないこと

⑧ 受給資格決定（求職申込み）前から採用が内定した事業主に雇用されたものでないこと

⑨ 再就職手当の支給決定の日までに離職していないこと

　さらに、離職前の賃金と比べて再就職後の賃金が下がった場合に、新しい職場に６か月間定着することを条件として、賃金の下がった部

分の6か月分（上限は基本手当日額×支給残日数×40％）が、一時金（就業促進定着手当）として、上記の再就職手当に上乗せされて支給されます。

中高年齢者の受給資格者や障害者などが再就職した場合の手当

　再就職が決まっても一定の支給残日数が残っていない場合、再就職手当は受けられません。しかし、就職時に45歳以上の中高年齢者の受給資格者（再就職援助計画の対象者）や障害者など一般に就職が困難な人が再就職した場合で、一定の要件を満たした場合には、常用就職支度手当が支給されることがあります。この支度手当は、就職が困難な人が、支給日数が残っている受給期間内に、ハローワークの紹介で安定した職業についた場合に支給される手当です。常用就職支度手当の支給額は、基本手当の支給残日数により、45〜90日分の基本手当日額の40％となります。

　なお、前述の再就職手当の支給要件に該当した場合には、再就職手当が支給され、常用就職支度手当は支給されません。

1か月以内に申請手続をすること

　再就職手当や常用就職支度手当は、要件を満たして待っているだけでは受給できないため、申請を行う必要があります。再就職手当の場

■ 就職促進給付の種類 ・・・・・・・・・・・・・・・・・・・・・・・・・・・・・・・・・・・・・・・

```
就職促進給付 ─┬─ ①就業促進手当 ─┬─ 就業手当
              │                  ├─ 再就職手当
              │                  ├─ 就業促進定着手当
              │                  └─ 常用就職支度手当
              ├─ ②移転費
              └─ ③求職活動支援費
```

合、支給申請書に必要事項を記入し、ハローワークに提出します。この申請書には、再就職先の事業主の署名・押印が必要ですから、あらかじめもらっておくようにしましょう。具体的には、「受給資格者のしおり」にある「採用証明」について新しく勤める会社に記入してもらいます。これをハローワークに提出し、「再就職手当支給申請書」を受け取り、新しく勤める会社に提出します。さらに、会社からもらった「受給資格者証」を申請書に添付して、ハローワークに提出します。提出は、採用日から１か月以内にハローワークに直接あるいは郵送で行いましょう。手続きに問題がなければ、基本手当が振り込まれていた口座と同じ口座に振り込まれます。常用就職支度手当についても、基本的には、再就職手当と同様の手続きが必要であり、「常用就職支度手当支給申請書」を提出することになります。

■ 就業手当とはどんな給付か

　雇用保険の失業等給付の受給者は、すべて正社員として再就職できるわけではありません。中には、パートや派遣社員、契約社員として働くことになる人もいます。また、実際このような正社員以外の雇用形態が増えてきています。そこで、こうした再就職手当（77ページ）の受給要件に該当しない人に支給されるのが、就業手当です。支給要件は以下のとおりです。

①　基本手当の支給残日数が所定給付日数の３分の１以上、かつ45日

■ 常用就職支度手当の額 ……………………………………………………

支給残日数	常用就職支度手当の額
90日以上	90日分×基本手当日額×40%
45日以上90日未満	残日数×基本手当日額×40%
45日未満	45日分×基本手当日額×40%

以上であること

② 7日間の待期期間が経過した後に就業したものであること

③ 退職前の会社（関連会社も含む）に再び雇用されるわけではない
こと

④ 給付制限を受けた場合、待期満了後1か月間について、ハロー
ワークまたは職業紹介事業者の紹介により就職したこと

⑤ 採用の内定が受給資格決定日以後であること

　就業手当の支給額は、基本手当日額の30％に相当する額で、就業日
ごとに支給されます。ただし、1日あたり1,858円（60歳以上65歳未
満は1,503円、令和元年2月1日改正）が上限となっています。就業
手当を受給するには、原則として、失業の認定にあわせて、4週間
に1回、前回の認定日から今回の認定日の前日までの各日について、
「就業手当支給申請書」に、受給資格者証と就業した事実を証明する
資料（給与明細書など）を添付してハローワークに申請する必要があ
ります。

要件を満たせば移転費がもらえる

　ハローワークの紹介で就職先が決まった者の中には、再就職のため
に転居が必要な者もいるでしょう。こういった者には「移転費」が支
給されます。移転費が支給されるのは次の①または②のいずれかに該
当し、公共職業安定所長が必要と認めた場合です。

① 受給資格者がハローワークの紹介した職業に就くため、または公
共職業訓練等を受けるため、住所または居所を変更する場合

② 事業所または訓練施設が、自宅から往復4時間以上かかり、住所
または居所を変更する必要があると認める場合

　移転費には、鉄道運賃、船賃、航空賃、車賃、移転料、着後手当の
6つの種類があります。鉄道運賃、船賃、航空賃、車賃は支給対象者
に同伴する同居の親族の分も加算して支給されます。また、移転料は、

移転距離や親族の随伴状況に応じて額が変わります。着後手当は親族が随伴する場合には76,000円（移転距離が100kmを超える場合95,000円）が支給され、単身者の場合、その半額分が支給されます。

　移転費の支給を受ける場合は、引っ越した日の翌日から1か月以内にハローワークに支給申請書を提出します。なお、移転費は失業等給付の受給資格者などが対象になります。また、ハローワークの紹介で就職先が決まった者が支給の対象ですので、県外などの遠方で自営業を始めた者などは支給の対象にはなりません。

求職活動支援費とは

　求職活動支援費は、「広域求職活動費」「短期訓練受講費」「求職活動関係役務利用費」に分けることができます。これらは、その名のとおり、求職活動を円滑に行うための支援費になります。

① 広域求職活動費

　自分にあった働き口を探すために、県外に行ったりして就職活動を行う者もいます。これらの者は就職活動に相当の交通費がかかります。このような場合に役に立つのが雇用保険の広域求職活動費です。広域求職活動費は、待期期間満了後、または給付制限期間の経過後に広域求職活動を行う場合に支給されます。なお、広域求職活動のため訪問する事業所から広域求職活動のための費用が支給された場合には支給が行われませんが、支給された額が広域求職活動費より少ない場合には差額が支給されます。

　広域求職活動は、雇用保険の失業等給付の受給資格者がハローワークの紹介で、そのハローワークの管轄区域外にある会社などの事業所を訪問したり、面接を受けたり、事業所を見学したりすることをいいます。管轄区域外と認定されるためには、雇用保険を受給しているハローワークから訪問する求人事業所の住所地を管轄するハローワークまでの距離が200km以上あることが必要です。

支給される額は、求職者の住所地を管轄するハローワークと訪問事業所の所在地を管轄するハローワークの往復にかかる費用（鉄道運賃、船賃、車賃など）です。上記の距離が400㎞以上であれば、宿泊費も支給されます。

　広域求職活動費は、結果的に就職できなかった場合でも、支給を受けることができます。広域求職活動費の支給を受ける場合は、ハローワークの指示を受けた日の翌日から10日以内にハローワークに支給申請書を提出する必要があります。

② 短期訓練受講費

　短期訓練受講費は、受給資格者などが再就職のために必要な教育訓練を受け、修了した場合に、本人が支払った教育訓練費用（入学金や受講料など）の一部が支給される制度です。

　支給額は、教育訓練費用の２割で、上限10万円です。支給申請は、教育訓練を修了した日の翌日から１か月以内に「求職活動支援費（短期訓練受講費）支給申請書」に受給資格者証などを添付して、ハローワークに提出することになります。

③ 求職活動関係役務利用費

　求人者と面接をするために、子の保育サービスを利用する場合があります。そういった場合に、保育サービス費用の本人負担費用の一部を支給する制度が、求職活動関係役務利用費です。

　支給額は、保育等サービス利用のために本人が負担した費用の80%です。１日あたりの支給上限額は6,400円です。また、求人者と面接などを行う場合には15日、職業訓練を受講する場合には60日まで求職活動関係役務利用費の支給対象となります。

　支給申請は、保育サービスを利用した日の翌日から４か月以内に「求職活動支援費（求職活動関係役務利用費）支給申請書」に受給資格者証などを添付して、ハローワークに提出することになります。

18

失業中に働いて収入があったらどうなる

働いた程度によって異なる

失業期間中に働いた場合に注意すべきこととは

　求職活動中の強い味方となる失業等給付の基本手当は、失業しているそれぞれの日について、失業状態にあると認定されてはじめて受けられるものです。

　失業保険の受給中は、アルバイトや内職をしてはいけないと誤解している人がいます。しかし、一定の日数、時間内での勤務であり、それをしっかりハローワークに申告すれば、アルバイトや内職は可能です。では、失業期間中に、アルバイトなどをした場合、給付はどうなるのでしょうか。

　ハローワークでは、働いた程度によって、「就業または就労」と「内職または手伝い」の2種類に分けています。

　就業または就労とは、事業主に雇用され、1日の労働時間が4時間以上である場合をいいます。なお、契約期間が7日以上であって、週の所定労働時間が20時間以上、かつ、週の就労日が4日以上の場合には、実際に就労していない日を含めて就労しているものとして取り扱います。

　一方、内職または手伝いとは、1日の労働時間が4時間未満の場合をいいます。これには、事業主の雇用された場合以外にも、自営業を営むこと、自営業の準備、請負・委任による労務提供、内職、ボランティア活動も含まれます。なお、内職または手伝いをしたことによって収入を得ていなくても、ハローワークへ申告は必要です。

　また、1年を超えて継続して雇用された場合には、再就職として扱われ、以降の失業保険は支給されません。

就業または就労した場合に基本手当はどうなるのか

受給期間中に就業（就労）をする場合には、就業手当（80ページ）の支給の有無に注意する必要があります。就業手当は、受給期間中にアルバイト的な職に就いた人に、アルバイトの給料とは別に、手当を支給する制度です。

「給料の他に手当がもらえる」と聞くと、得をするのではないかと考える人がいますが、そうではありません。基本手当に３割がもらえるといっても、上限金額は1,800円程度です。しかも、就業手当を受け取ると、基本手当を全額受け取ったとみなされます。その結果、アルバイトをした日数分の手当が先送りされることはなく、所定給付日数から完全に消滅してしまうのです。つまり、1,800円程度の就業手当をもらうために、基本手当の日額数千円が受け取れなくなり、損をする計算です。

内職をした場合には、基本手当が全額支給されることもある

受給期間中に、内職または手伝いをした場合は、基本手当と内職などの給料の両方を受け取ることができます。しかし、内職などの給料が高額になり一定の金額を超える場合には、基本手当が減額になることや、基本手当の支給が先送りになることがありますので、注意が必要です。

具体的には、以下のように計算します。

① （収入 − 控除額）＋ 基本手当日額 ≦ 賃金日額の80％

この場合には、内職などの収入が少額のため、基本手当は全額支給されます。

② （収入 − 控除額）＋ 基本手当日額 ＞ 賃金日額の80％

この場合には、賃金日額の80％を超えた金額が基本手当から減額されます。減額分は、基本手当の支給が先送りにならず、完全に消滅してしまいます。

③ （収入 － 控除額） ≧ 賃金日額の80％

この場合には、基本手当は全額不支給となります。そして、この分の手当の支給は、先送りになり、受給期間内であれば後から満額受け取ることができます。

なお、計算式の控除額は1,300円前後で毎年8月に改訂されます。

ちなみに、受給期間中のアルバイトや内職は、「失業状態」にある人が、就職活動の合間に行う家計補助的な労働として認められているものです。そのため、就職活動をろくにしないで、毎日、内職ばかりしていると、「失業状態にない」とハローワークから判断されるおそれがあります。そうなると失業手当の支給が停止されますので注意してください。

収入の有無も失業認定申告書に記入する

失業の認定を受ける際には、アルバイトなどで収入があったかどうかを含め、求職活動の状況などの必要事項を「失業認定申告書」（67ページ）に記入してハローワークに提出します。

失業認定の対象となる4週間のうち、収入のなかった日の分だけ基本手当が支給され、収入のあった日など失業にあたらないと判断された日の分は、支給されないかあるいは減額されます。つまり働いた日数分を差し引いた基本手当が支給されるわけです。

パートやアルバイトといった形であっても、継続勤務の場合は「就職」と判断されます。雇用保険の資格を取得してもしなくても「就職」中は支給されません。

1日だけ働いたり、不定期に数日働いたりした場合のように、臨時的で単発的な労働であっても就労をした日の分について、基本手当は支給されません。「内職」やちょっとした「手伝い」など、求職活動の妨げとならない程度の労働を行った日は、得た収入の額によって支給の対象とならなかったり、減額されたり、場合によっては全額支給

されることもあります。当初は就職するつもりだった人が、自営業を始めたようなとき（1日4時間以上）は、開業準備を始めた日以降が就職したものとみなされるため、基本手当の支給の対象となりません。

勤務時間は要検討する

受給期間中に働いたとしても、確実に就業手当の申請を免れる方法があります。1日4時間未満でなおかつ、週20時間未満の条件で勤務することです。そうすれば、法律上、「内職」として扱われ、「就業または就労」したものとは扱われないため、就業手当の申請を免れることができます。加えて、「内職」だと、その収入が、一定の金額より少なければ、内職の収入と、失業手当をダブルで受給することが可能です。ただし、これについても、どの程度働けば就業手当の申請が不要なのかについてあらかじめ確認しておくことが必要です。

■ 受給中に収入があった場合 ･････････････････････････

```
┌─────────────────────┐
│ 1日の労働時間が4時間以上 │
└─────────────────────┘
        ┃
        ┗━▶ 就業（就労）に該当
                ┃
                ┗━▶ 就業手当（80ページ）が支給される
                    ※支給された場合、基本手当日数が減る

┌─────────────────────┐
│ 1日の労働時間が4時間未満 │
└─────────────────────┘
        ┃
        ┗━▶ 内職または手伝いに該当
                ┃
                ┗━▶ 収入に応じて、基本手当の扱いが異なる
                    ・全額支給
                    ・一部支給
                    ・不支給
                    ※一部でも支給された場合、基本手当日数が減る
```

Q 失業等給付の給付制限期間中にアルバイトをすると、再就職したものとして扱われ、失業手当の受給権が消滅してしまうのでしょうか。

A 正当な理由がないのに自己都合で退職した場合や、正当な理由がないのにハローワークの職業指導を受けることを拒んだ場合には、失業手当の給付が一定期間制限されます。これを給付制限といいます。失業手当の受給期間中と異なり、給付制限中のアルバイトについては、ハローワークはそれほど厳格な態度をとっていないようです。

そもそも、ハローワークが受給期間中のアルバイトに目を光らせるのは、働きながら、同時に失業保険を受け取るという不正受給を防止するためです。しかし、手当の支給が行われない給付制限中は、そのような不正受給が問題になることはありませんし、失業者の生活の問題もあります。そのため、ハローワークとしてもアルバイトを一切認めないという厳しい対応は取りにくいのです。

短期アルバイトをした方が得なこともある給付制限中のアルバイトをどれくらい認めるかは、ハローワークによって異なります。一番確実なのは、待期期間の７日間が終わった時点で、管轄のハローワークに問い合わせることです。

問い合わせの際には、給付制限中にアルバイトが可能であるかどうか、どれくらいの範囲（月に何日、週に何時間）で可能なのか、どうやって申告するのかをしっかりと確認しましょう。

そして、ハローワークから聞いた条件で勤務できるアルバイトを探します。フルタイムのアルバイトを毎日するのは認められないかもしれませんが、短期アルバイトであれば認められる可能性は高いようです。

●再就職の届けを出しても受給権が消滅しない場合もある

給付制限中にフルタイムのアルバイトを毎日すると、「再就職」し

たものとして扱われる可能性はあります。

　給付制限期間中に再就職してしまうと、失業手当の受給権が消滅してしまうと誤解している人が多いのですが、そうではありません。手当の支給が一時的に中止されるだけです。そのため、1年間の受給期間中に、再就職してすぐに退職すれば、最初の退職時に確定した所定給付日数分の失業手当をそのまま受け取ることができます。このしくみを利用して、給付制限中にずっと長期アルバイトをするのと同様の効果を得ることも可能です。

　まず、待期期間が満了したら、すぐにアルバイトを探して働き始めます。勤務を開始したら、勤め先の会社に採用証明書を発行してもらいます。そして、それをハローワークに提出します。就職により、失業手当の支給は中止されます。その後、本来の給付制限期間が満了する直前まで働いて、その仕事を辞めます。その際に、勤め先から退職証明書（雇用保険の加入者は離職票）をもらい、それをハローワークに提出します。この場合、給付制限期間経過後に当初の失業手当を受給することが認められます。

　このように、失業手当については、給付制限期間中、あるいは給付期間中に就職しても、以前に取得した失業手当の給付日数が直ちに消滅してしまうというしくみにはなっていません。ただし、アルバイトなどの就労をする前に受給権が存続する場合と消滅する場合について、あらかじめハローワークで確認しておくことは必要だといえるでしょう。

19

新型コロナウイルス感染症対応休業支援金・給付金について知っておこう

労働者本人が申請することもできる。事業主経由の申請も可能

どんな制度なのか

　令和2年1月頃から日本でも感染者が発生した新型コロナウイルス感染症によって、全国規模の営業自粛など店舗や工場の休業が行われました。本来、このような会社都合の休業で会社は、労働者に対して休業手当を支払い、後から国の雇用調整助成金（120ページ）を活用して休業補償をすべきところですが、小規模な事業所では資金繰りに窮し休業手当を支払うことができないケースがあります。また、新型コロナウイルスの感染拡大防止のため、都道府県などから休業要請があった場合には、会社都合での休業となるのか不透明な部分もあり、会社が労働者への休業手当の支払を拒むこともあります。

　そこで、国は新型コロナウイルスの感染拡大の影響で、労働者が休業した場合で会社から休業手当が支給されなかった人に対して、「新型コロナウイルス感染症対応休業支援金・給付金」を直接支給し、生活費などの支援を行うことにしました。

　この制度は在職中でありながら賃金を受け取れないため、「みなし失業給付」と呼ばれることがあります。

対象となるのは

　対象となるには、下記の2つの条件を満たす必要があります。
①　令和2年4月1日から9月30日までの間に、事業主の指示により休業した中小事業主の労働者であること。
②　その休業に対する賃金（休業手当）が支給されていないこと。
　対象となる労働者とは、事業主と雇用関係にある労働者に限定され、

請負や委託などで仕事を行っているフリーランスは対象となりません。労働者であれば支給されるため、アルバイト、パート、外国人、技能実習生なども対象となります。

　また、対象となる事業主は、中小事業主に限定されており、下図の「資本金の額・出資の総額」か「常時雇用する労働者の数」のいずれかを満たす会社が対象となります。労働者にとっては、会社の資本金の額などはわかりにくい指標であるため、雇用する労働者の数を目安に受給できるかどうか判断するようにしましょう。対象となる産業にも限定はありません（暴力団員などは対象外）。また、労働保険料の未納や労働関係法令違反があった事業主であっても支給対象となります。

▍対象となる休業とは

　支給の対象となる休業は、令和2年4月1日から9月30日の間で事業主の指示により所定労働日に休ませるものをいいます。そのため、新型コロナウイルスに感染した場合、年次有給休暇の取得、他の疾病、育児など労働者本人の都合による休業は対象とはなりません。

　申請の際には、事業主が命じた休業であることや、休業手当を支払っていないことを事業主が証明する「支給要件確認書」を添付する必要があります。故意に偽りの証明をすると不正受給となり、最大で支給額の3倍と年3%の延滞金の請求がなされることがあるため、証

■ 中小企業の範囲 ···

産業分類	資本金の額・出資の総額	常時雇用する労働者の数
小売業(飲食店を含む)	5000万円以下	50人以下
サービス業	5000万円以下	100人以下
卸売業	1億円以下	100人以下
その他の業種	3億円以下	300人以下

明書は事業主任せにするのではなく、労働者自身でも記載内容を確認しておくようにしましょう。

支給額はどうなっているのか

　支給額については、休業前賃金の８割です。日額が11,000円を超える場合には、11,000円が支給されます。

　休業前の賃金には、基本給や諸手当などの固定賃金だけでなく残業手当も含まれます。ただし、賞与は除かれます。

　休業前の賃金の計算にあたっては、過去６か月のうち任意の３か月を選択し３か月分の賃金合計を90日で除して日額を算出します。たとえば、４月から休業し、過去６か月の賃金が、３月25万円、２月30万円、１月22万円、12月26万円、11月30万円、10月30万円であった場合、賃金が高い２月、11月、10月の賃金を選択し、休業前賃金の日額は、90（30＋30＋30）万円÷90日＝１万円と計算することができます。さらに支給額は、８割と定められていますので、日額は8,000円ということになります。

　そして、支給金額は、この日額に支給単位期間に係る暦日数を掛けて算出することになります。支給単位期間とは、月の初月から末日のことをいいますが、休業開始日が月途中である場合はその日から、休業終了日が月途中である場合はその日までを支給単位期間とします。上記の例では、４月のすべてが休業であった場合、8,000円×30日＝240,000円が支給金額となります。

　また、５月15日に休業が終了した場合には、支給単位期間は５月１日から５月15日となり、賃金日額に15日の暦日数を掛けて計算します。つまり、8,000円×15日＝120,000円が支給金額となります。

　注意しなければならない点は、短時間休業を行った場合です。４時間以上働いた場合は１日就労したとみなし、４時間未満働いた場合は半日就労したとみなして暦日数から控除されます。

なお、3か月分の賃金を受けていない場合には、2か月分の賃金を60日で除して算出するか、1か月分の賃金を30日で除して算出することになります。

　また、令和2年4月1日以降、新たに雇い入れられた労働者については、休業前賃金がまったくない場合には支給対象となりません。そのため、雇入れ日の属する月の翌月末（雇入れ日が月初の場合はその月の月末）の翌日からの休業が対象となります。たとえば、4月10日に採用された場合であれば、6月1日以降の休業から対象となります。ただし、新規学卒者については例外的に1日も勤務していなかったとしても対象者として扱い、休業前賃金は雇用契約書などで予定されていた給与額で算定することになります。

■ 支給金額の計算 ⋯⋯⋯⋯⋯⋯⋯⋯⋯⋯⋯⋯⋯⋯⋯⋯⋯⋯⋯

支給金額＝休業前賃金の日額×0.8×（支給単位期間の暦日数−就労日）

● 休業前賃金日額

| 30万円 | 30万円 | 26万円 | 22万円 | 30万円 | 25万円 | 休業月 |

（30 + 30 + 30 万円）÷ 90 日 ＝ 1 万円
休業月前6か月のうち任意の3か月の賃金合計を90日で割る

● 支給単位期間の暦日数

例）4月15日から6月15日まで全日休業

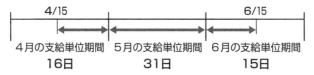

| 4月の支給単位期間 | 5月の支給単位期間 | 6月の支給単位期間 |
| 16日 | 31日 | 15日 |

● 支給額
4月の支給金額 ＝ 10,000円 × 0.8 × 16日 ＝ 128,000円
5月の支給金額 ＝ 10,000円 × 0.8 × 31日 ＝ 248,000円
6月の支給金額 ＝ 10,000円 × 0.8 × 15日 ＝ 120,000円

どんな手続きをするのか

　郵送もしくはオンラインでの申請によって手続きを行います。また、労働者本人が申請をすることもできますし、事業主を経由して申請することも可能です。その際には、申請書の書式が異なりますので注意しておきましょう。

　労働者本人が申請する場合には、「支給申請書」と「支給要件確認書」、その他の書類として運転免許証など本人確認できる書類、通帳の写しなど振込先口座の確認できる書類、給与明細・賃金台帳など休業前の賃金額と休業中の賃金額がわかる書類を添付します。労働者自身で申請するとしても、賃金台帳などの書類を用意するためには、会社の協力が不可欠となります。できるだけ生活の窮状を訴えるなど協力してもらえるように話しを持っていくべきでしょう。

　支給申請書には、勤めている会社の名称や就労した日数などを記載します。就労した日数には、実際に労働した日数の他に年次有給休暇、育児休業、介護休業、労働者の都合による休業なども加えて記載します。

　支給要件確認書には、前述したように事業主が記入する欄が設けられています。万が一、事業主が記入を拒むような場合には、その理由や事情を記載して提出することになります。提出書類の受理後に、労働局から事業主に回答を求めるための作業を行うため審査に時間を要することを覚悟しなければなりません。

　事業主を経由して申請する場合の書類も労働者本人が申請する場合と内容面や添付する書類は同じです。ただ、支給申請書の書式が異なります。

　申請の締切日も設定されているため注意しておく必要があるでしょう。休業した期間が令和2年4月～6月は、同年9月30日までに申請する必要があります。7月以降は締切日が1か月づつ後ろにずれます。そのため、9月の休業分については12月31日までに申請する必要があります。

第3章

職業訓練のしくみと活用法

1 ハロートレーニングについて知っておこう

各種手当をもらいながら、仕事に必要な知識や技能が習得できる

■ ハロートレーニング（公的職業訓練）とは

　国や地方自治体は、労働者が仕事に必要な知識や技能を習得できるように訓練を実施しています。これがハロートレーニング（公的職業訓練）です。ハロートレーニングには、雇用保険を受給している求職者を対象とする公共職業訓練と、雇用保険を受給していない求職者を対象とする求職者支援訓練という2つの制度があります。ハロートレーニングは、仕事に必要な知識や技能をマスターできるだけではなく、訓練中に手当を受け取れるなどのさまざまなメリットもあります。

　ハロートレーニングは働きたい人であれば、誰でも利用することが可能です。失業中の人だけでなく、キャリアが十分でないため就職先が見つからない人、現在仕事をしているがさらにキャリアアップをめざしたい人、中学・高校新卒者など、状況を問わず利用することができます。

■ どんなメリットがあるのか

　ハロートレーニングのメリットは3つあります。

　1つ目は、就職面でのメリットです。職業訓練を受けると、仕事に役立つ実践的な知識や技能が身につきます。また、修了後に資格を取得できる場合もあります。さらに、プログラム修了後には、訓練施設とハローワークが、就職先をあっせんしてくれます。

　2つ目は、手当面でのメリットです。公共職業訓練では、訓練延長給付という制度によって、失業手当の支給が訓練修了まで延長されることがあります。また、受講手当（1日500円、上限2万円）を受け

取ることもできます。さらに、職業訓練の受講中は、訓練校に失業手当の受給手続きを代行してもらえるため、失業認定日にハローワークに出かける手間が省けます。求職者支援訓練の場合は、失業手当はありませんが、代わりに一定の条件を充たせば職業訓練受講手当（月額10万円）を受けることが可能です。また、それぞれの訓練では、通所手当（交通機関利用で上限4万2500円）や寄宿手当（月額1万700円）を受け取ることができます。

　3つ目は、精神面でのメリットです。職業訓練を受講すると、共通の目的を持った仲間ができます。それによって失業中の孤独感が軽減され、精神的に楽になります。また、職業訓練を受講すると、就職に必要な知識や技能を身につけている実感が持てるため、前向きな気分になります。

■ハロートレーニングには2つの制度がある

　ハロートレーニング（公的職業訓練）には、公共職業訓練と求職者支援訓練という2つの制度があります。

　公共職業訓練は、雇用保険受給者を対象とした制度です。公共職業訓練で受講できるコースや内容は実施機関によって異なります。公共職業訓練の実施機関は、国、都道府県、都道府県から委託を受けた民間の教育訓練機関等の3つがあります。国は、関連団体である独立行政法人高齢・障害・求職者雇用支援機構（以下、機構と略します）を通じて、ポリテクセンターやポリテクカレッジという職業訓練専門施設などで訓練を実施します。また、機構から委託を受けた民間の専門学校などで訓練が実施される場合もあります。都道府県による訓練は、技術専門校や産業技術短期大学校などの職業訓練施設で行われます。

　国や都道府県の実施する訓練は、おもに金属加工や自動車整備といった、ものづくり系が中心です。都道府県から委託を受けた民間の教育訓練機関では、事務や介護、IT関連といった分野の訓練が多く

行われています。訓練期間は、離職者向けの訓練の場合は基本的に2か月から6か月ですが、中には1年間や2年間の訓練もあります。在職者向け訓練の場合、期間は短くおもに2日から5日前後のものが中心です。高校新卒者等を対象とする訓練の期間は長めで、1年間または2年間のものが多くなっています。それぞれ受講にあたっては、選考（筆記試験と面接）が実施されるコースが多いようです。

　求職者支援訓練は雇用保険を受給できない人を対象とした制度で、厚生労働大臣が認定した民間教育訓練機関等で実施します。コース内容は、介護やIT、医療事務などが多いようですが、最近はウェブ設計やネイリストなど時代のニーズにあわせた訓練も増えています。訓練期間は2か月から6か月までです。受講にあたっては、書類選考の他、筆記試験、面接などの選考が実施されることがあります。

┃ どのように情報収集すればいいのか

　職業訓練に関する情報を集める方法には、ハローワークでの情報収集、機構の都道府県センターでの情報収集、インターネット、訓練施設の見学の4つがあります。

　まず、ハローワークでの情報収集です。ハローワークには、各都道府県の技術専門校のすべてのコースについて書かれたパンフレットが置いてありますので、技術専門校の情報は、ここから入手します。また、都市部の主要なハローワークでは、機構のスタッフが出張して個別相談を実施していますので、ポリテクセンターの訓練に関する情報は、ここで入手できます。

　次に、機構の都道府県センターでの情報収集です。ポリテクセンターの訓練に関して、ハローワークのパンフレットには最新の情報が掲載されていないことがあります。そのため、ポリテクセンターが実施する訓練の最新情報が欲しい場合は、機構の都道府県センターを訪問し、情報収集するのが確実です。

インターネットによる情報収集については、ハローワークのインターネットサービスを利用すれば、全国で実施されている訓練の情報を入手することができます。ポリテクセンターの実施する訓練について、詳しい情報が知りたい場合は、機構のホームページにアクセスし、そこから各地のポリテクセンターにアクセスすれば情報を入手できます。

　最後に、訓練施設の見学です。ほとんどの訓練施設は、募集期間中に見学会を開催しています。パンフレットよりも詳しい情報が欲しい場合には、この見学会に参加するのが確実です。

▌隣接する都道府県によい講座がある場合も

　訓練コースの数は、都道府県によって異なります。東京や大阪など都市部では訓練施設の数が多く、コースの種類も豊富です。地方では、訓練校が１〜２か所しかないところもあり、コース選択の幅が狭いのが現状です。そのため、地方に住んでいる人は、地元では興味が持てるコースが見つからないことも多いと思います。職業訓練については、居住地以外の都道府県の訓練校に入校することも可能です。地元で目ぼしいコースが見つからない人は、隣接する都道府県のコースへの参加を検討するとよいでしょう。

▌どんなコースがあるのか

　求職者向けの職業訓練には、３つのコースに大別できます。

　１つ目がポリテクセンターで実施される「離職者訓練」です。このコースは求職者が早期に再就職できるように基礎的なものから応用性を加味した技能・知識の習得をめざします。標準６か月のコースです。また、受講者が自己の適性や職業経験等を踏まえて訓練終了後の職業生活設計を行えるようにキャリア・コンサルティングを実施しています。

　２つ目は「日本版デュアルシステム（短期課程活用型）」です。ポリテクセンターやポリテクカレッジの座学や実習と企業での職場実習

を組み合わせた職業訓練です。訓練機関は6か月から1年以内のものが多く、現場の技能・技術を身につけることを目的としています。

3つ目は標準6か月の職業訓練へ導くための「橋渡し訓練」です。約1か月程度の訓練でコミュニケーション能力やビジネスマナーなどを習得することができます。

▌どんなコースが狙い目なのか

コースを選択する際には、興味が持てるコースの中から、競争率が低く、就職率はある程度高いコースを狙うのが基本です。

競争率（応募倍率）は、パンフレットを見るか、訓練施設に直接問い合わせて調べます。就職率も競争率と同じ方法で調べることができます。人気コースは就職率もよいというわけでありませんので、その点に注意しましょう。都心から離れた、交通の便があまりよくないところは、あまり人気がなく、応募倍率が低いので狙い目です。また、公表されている応募倍率が高いところをあえて狙うというテクニックもあります。前回の応募倍率が高いところは、みんなが応募を控えるため、倍率が大きく下がる可能性があるからです。

▌入所選考について

ハロートレーニングを受ける際に、入所選考が必要になる場合があります。具体的には、技術専門校や、訓練期間が6か月以上のポリテクの離職者訓練では、筆記試験と面接が実施されることが多いようです。一方、民間委託された訓練コースのうち、訓練期間が短いものは書類選考だけのものがほとんどです。

技術専門校やポリテクの離職者訓練では、筆記試験の科目は、中学卒業程度の数学と国語であることがほとんどです。

筆記試験は、授業についていくのに最低限必要な学力があるかをチェックするためのもので、選考における重要性は面接ほど高くあり

ません。

　面接では、熱意を示すことが大切です。その意味では、普段着ではなく、スーツやネクタイを着用して臨むのが基本です。また、面接で上手に受け答えできるようにしっかりとしたキャリアプランを用意しましょう。志望動機があいまいであったり、学習意欲や就職への意欲が低いと評価されたりすると、求職者給付の延長や職業訓練受講給付金が目的であると見られてしまいますので注意しましょう。選考では、筆記試験や面接による評価以外にも合否を左右するポイントがあります。たとえば、年齢、退職理由がそうです。具体的には、若者よりも中高年の方が、自己都合退職よりもリストラなどの非自発的退職の方が有利です。また、それまでの経験やスキルも合否を左右するポイントです。具体的には、そのままの状態では就職が難しいものの、訓練を受ければ就職の可能性が大幅に高まる人は、合格の可能性が高いようです。

■ ハロートレーニング受講の流れ

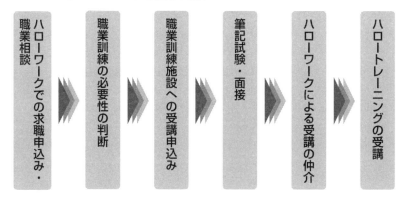

ハローワークでの求職申込み・職業相談 ▶ 職業訓練の必要性の判断 ▶ 職業訓練施設への受講申込み ▶ 筆記試験・面接 ▶ ハローワークによる受講の仲介 ▶ ハロートレーニングの受講

2 いろんなコースがある

費用面でメリットの大きいコースもある

どんなコースがあるのか

　最近の職業訓練校の特徴として、時代に合わせたIT（情報技術）やOAなどのコースが充実している事が挙げられます。

　従来の職業訓練校では就職率が高いという理由から、機械整備や金属加工、電気設備・通信などの分野が大半を占めていましたが、最近では、生産性を上げるために事務作業にもパソコンなどによる情報処理が欠かせないという現状があり、企業のニーズに対応する形で、情報技術や情報処理に関しても幅広いジャンルのコースがあります。

Uターン・Iターンのコースもねらい目

　仕事の多い都市部で就職活動をしている人も多いと思いますが、職業訓練については地方の職業訓練校に入校するという手もあります。Uターン訓練・Iターン訓練と呼ばれる方法です。地方出身者が都市部で就職し、離職後に出身地で職業訓練を受けることをUターン訓練といいます。また、都市部の出身者が都市部で離職後、地方で職業訓練を受けることをIターン訓練といいます。

　実家を離れて都市部で生活している人の場合は、実家から訓練校に通えるのであれば、費用の面でかなり有利になりますし、都市部の出身者であっても、よりよい条件を求めて全国を対象に訓練校を選択することが可能になります。

　費用の面だけではなく、マイカー通学が可能であったり校舎の立地が便利であったり、新築の校舎で快適に訓練できたりと、自分が重要視するさまざまなポイントから選択することが可能になります。また、

都会では入りにくい人気のコースであっても地方の訓練校であれば比較的楽に入れることもありますし、第二種電気工事士のように、指定校なら国家資格が免除されますので、そのようなコースを全国から選ぶのもよい方法です。

▌応募資格について

　ハロートレーニングは働こうとしている人であれば、すべての人に応募資格があります。仕事を探している人だけでなく、現在仕事をしている人も対象です。公共職業訓練では、ハローワークで職業訓練が必要と認定されれば、雇用保険の基本手当を受給しながら訓練を行うことが可能です。訓練延長給付という制度がありますので、残りの支給期間が短い場合でも訓練期間中は基本手当の支給が延長される場合があります。求職者支援訓練では、職業訓練受講給付金を毎月10万円を受け取ることができます。

▌訓練は厳しいのか

　一般の専門学校と職業訓練校との間にそれほど大きな違いはありません。当然、技術系のコースを選択していれば、通常の授業の他に各種の機械、機器などを使用した実習も多くなりますが、その様子を見学すれば、専門学校や一般的なスクールと同じような印象を受ける人がほとんどではないでしょうか。また、一般の専門学校と同じく土曜日と日曜日は休みになりますが、1年以上の長期コースでは、夏休みと冬休みがあり、2年のコースでは春休みもあります。6か月のコースでも、夏休みか冬休みがありますので、ある程度ゆったりとした時間を過ごすことが可能といえるでしょう。

▌学費について

　離職者を対象としたハロートレーニングは公的な制度であるため、

基本的に受講料は無料です。ただし、テキスト代等は自己負担です。テキスト代は訓練の内容によっても異なりますが、だいたい1万円前後のコースが多いようです。

　在職者や学卒者を対象とした訓練は有料です。在職者向けの訓練では、受講料として1万円から3万円前後かかるコースが多いようです。高校新卒者等を対象とした訓練の場合、比較的費用が高くなる工業系のコースでは、初年度に10万円程度かかる訓練校が多いようです。機械や建築の長期コースを選択する場合は、教材費の他に作業服を購入したり、検定費用なども必要となるからです。一般の専門学校などに比べれば、その費用はトータルで見ても随分と少ない金額で納まりますが、入学時に一括で支払いをする場合もありますので、費用の負担が厳しい場合には分割での支払いが可能であるかなどを事前に確認しておきましょう。工業系に比べて事務系のコースを選択した場合は安く納まります。教材費としてだいたい3万円程度を見積もっておけばよいでしょう。

何を選ぶか、大切なのは目のつけどころ

　訓練のコースを選ぶ行為はそれが今後の自身の職業を決める行為と同じことですので、慎重に考えて選択する必要があります。

　就職率が極めて厳しい最近の社会状況では、コースを選ぶ際に就職率がとても重要視されています。もちろん職業訓練校に通う最終目的は就職することですから、修了後に就職できなければ意味がありません。しかし、人には適性というものがあり、向き不向きがあります。就職率が高いということだけで、無理に興味が持てない訓練コースを選び、何とか就職したとしても、やはり自分には不向きだったと後になって気づき、仕事を辞めることになっては訓練校で苦労して身につけた技術や技能がムダになってしまいます。まず、コースを選ぶ際には、自分の適性についても考慮しておきたいところです。自分の適性

を知るよい方法は、自分の周りを再確認してみることです。どんな人でも好きなこと、得意な分野はあるものですので、たとえば自分の本棚を眺め、どんな分野に関する書籍を多く読んでいるのか、また時間があるときにしていたことなど、意外と近くにヒントはあるものです。興味がある分野であれば長く情熱を注ぐことができる可能性もありますからじっくり考えてみましょう。

　コースの選び方によっては、訓練期間についても考えるべきです。前職での経験を活かし、新たな技術を身につけたいと考えるなら3か月の短期コースで十分な場合もあるでしょう。逆に前職が自分に向いていないと感じていたのであれば、新しいスキルを習得するのがよいでしょう。その場合は選択する技術、技能によっては6か月から1年以上の訓練が必要なコースを選択する必要も出てくるでしょう。このように自分の選択の仕方でコースの選び方も変わってきます。また、年齢を考慮してコースを選ぶ場合に注意が必要なのは応募制限についてです。若年者向けのコースには年齢制限がありますが、対象年齢を超えていたら絶対に受講できないというものでもありません。年齢制限についてはおおむねの表記になっている場合が多いので、どうしても受講したいコースがあれば、訓練校に確認してみる価値はあります。

▌倍率や修了率、サポート体制などで選ぶ

　せっかく就職率が高い人気のコースを選択しながら、訓練内容が思ったより難しかったり、事前に思っていたイメージと違うという理由から、修了率がとても低いコースも存在します。そこで、コースの修了率を一応把握した上で、内容を確認したり実際に見学してみるのもよいでしょう。

　求人倍率も参考にするべきポイントです。訓練を修了したからと言って、自動的にスクール側が就職先を見つけてくれるわけではありません。求職活動には地元のハローワークからの求人情報が頼りにな

るわけですが、訓練校によっては求人件数に大きく違いがあることがあります。その場合は当然求人情報が多く集まる訓練校の方が有利です。また、就職するためのノウハウとして、面接の受け方や履歴書の書き方などを指導しているところもありますので、サポート体制についてもチェックしておくとよいでしょう。

無試験コースもまれにある

通常であれば学科と実技からなる国家試験に合格して、はじめて取得できる資格を卒業者全員に無試験で与えるコースもあります。経済産業大臣が資格者養成校に指定している訓練校のコースが対象ですが、第二種電気工事士や技能士補などにも、指定校として認められているコースがあります。

コースの修了者は国が指定した養成コースの修了者ですから、資格者に必要とされる技能や知識が身についているものとみなされるわけです。にわかに信じられないような好条件ですが、うれしいのは無試験だけではなく、授業料の面でも有利な点があることです。たとえば第二種電気工事士の場合、一般のスクールで通常のコースを選択すると、年間100万円近く授業料がかかることがありますが、指定校のコースであれば年間の授業料は10万円程度ですむことがあります。

電気関係で長期（１年以上）のコースであれば一般のスクールでも指定校になっている場合も少なくありません。そのため、技術系の資格取得を考えている方だけではなく、資格に対して費用対効果を重視している方にも、一度は検討してみたいコースです。

通いやすさや寄宿舎の有無などをチェックする

通学にかかる負担などもぜひ事前にチェックしておきたいポイントです。職業訓練校の中には、交通の便の悪いところに立地しているスクールも少なくありません。その場合は、解決手段が用意されている

かどうかを一つひとつ確認します。たとえば学校施設が駅から離れた場所にあり、バスなどの公共交通機関が少なくても、マイカー通学が許可されているのであれば、問題が解決する人もいるでしょう。

　また、自転車で通える距離であれば問題ないという人もいます。これは自分が現在、居住している場所により異なりますが、訓練校が寄宿舎を用意している場合は、そこを利用すれば問題が解決することも考えられます。環境のよいところで通学時間や生活費に煩わされず、訓練に集中できるのはとても魅力的です。

　このように、訓練校に通うために住む場所を変えることも検討できるのであれば、これは交通の便以上に有利な点が多くあります。条件のよいところは人気があるので必ず入居できるとは限りませんが、経済性、利便性を求めるのであれば事前に入居状況を確認してみる価値はあります。月に３万円程度の費用ですむところもありますので、自分でアパートを契約して生活する場合と比べてみるとかかる費用はとても少なくなります。

■ Uターン訓練とIターン訓練 ……………………………………

3 合格するために最低限知っておきたいこと

選考基準をしっかり押さえて、効率のよい試験対策を立てる

志望コースを選ぶ

　訓練延長給付をもらいながら訓練を受講するには、なるべく早い段階で志望コースを絞り込み、計画的に応募することが重要になります。訓練の応募については、基本的に併願が禁止されているため、いきあたりばったりで複数のコースを応募しているとその間に受給資格が切れてしまうおそれもあるので注意しなければなりません。

　コースを選ぶ際には、自分の興味が持てるコースの中で、比較的、競争率が低く、就職率が高いコースを探すのが基本です。

　また、訓練延長給付を受ける場合には、申込先に気をつけてください。ハローワークを経由せず、直接、訓練校に出願すると延長給付が受けられなくなります。地元以外の訓練校を志望する場合には、遠隔地の訓練施設から申込書類を取り寄せて、それを地元のハローワークに提出して申し込みます。

　日本版デュアルシステムなどの若年者向けのコースに応募する際には、ジョブカード（履歴シート・職務経歴シート・キャリアシートなどの就職活動に役立てる書類のこと）の提出も必要です。ジョブカードの発行には、事前にハローワークなどでキャリアコンサルティングを受ける必要があるので、この時間も計算に入れて、応募スケジュールを立てることになります。

見学会は出席する

　最近ではどこの訓練施設でも募集期間中に何回か集団見学会を実施しています。それにはできるだけ参加するようにしましょう。面接で、

見学会への参加の有無を問われることも多いようです。

　また、見学会に参加していない人は、漠然としたイメージだけで科目を選んでしまう傾向があります。それでは面接で、志望動機を聞かれた時に、説得力のある受け答えができないでしょう。その意味で、見学会に参加して、自分の志望する訓練施設のイメージをしっかりつかんでおくことが重要です。

選考基準はどうなっているのか

　効率のよい試験対策を立てるためには、合否の基準を押さえることが重要です。具体的には、筆記試験の点数や面接での評価が合否にどれくらい影響するかを知っておく必要があります。また、面接官が合否を決める基準について知っておくことも重要です。筆記試験は、授業についていけるかをチェックするためのものです。高得点を取るに越したことはありませんが、最低ラインに到達すれば十分です。一方、面接は合否を左右する勝負どころです。

　面接官が合否を決める基準は、その人が就職するために訓練が必要かどうかと、訓練を受ければ就職の可能性が高まるかの2点です。この基準に従うと、すでに知識や技能を持っていて、訓練を受けなくても、すぐに就職できる人は合格が難しくなります。

　反対に、「現状では仕事に必要な知識やスキルが不足しているため就職が難しいものの、その点を訓練で補えば就職の可能性が高まる」と面接官に判断してもらえれば、有利になります。

　面接の心構えとしては、企業の採用面接と同じ意識で臨みます。そして、訓練後の就職を視野に入れた現実的な計画を用意します。具体的には、訓練で身につけた知識や技能を活かして、将来どのような職に就きたいかを筋道立てて説明できるようにしておきます。また、熱意を示すことも重要です。

訓練延長給付と受講時の注意点について知っておこう

訓練延長給付の内容や、利用方法を理解することが大切である

訓練延長給付とはどんな制度なのか

　失業中の人が、職業訓練を受け、知識や技能を習得すると、就職の可能性が高まるだけでなく、今後の失業にも備えることができます。その意味で、労働者の知識や技能が高まることは、失業手当を支払う国にとっては望ましいことです。そのため、労働者が、職業訓練に専念できるように、失業手当の支給を継続する訓練延長給付という制度が用意されています。この制度を利用すると、失業手当の所定給付日数が一定数残っているうちに、訓練の受講を開始すると、訓練が終わるまで手当の支給が延長されます。

　この制度を活用すれば、失業手当の所定給付日数が短い人でも、給付日数を増やすことが可能です。たとえば、所定の給付日数が90日の人（給付制限なし）が、6か月の職業訓練を受講した場合、この制度を活用すると、最長で270日分の失業手当を受け取れる計算になります。

　訓練延長給付は、①訓練を受けるための待期期間（最長90日）、②訓練の受講期間（最長2年）、③訓練後の再就職活動中の期間（最長30日）の3つの期間で利用できます。

　ただし、次ページ図のように給付制限や所定給付日数によって違いはあるものの、原則として、所定給付日数の3分の2の日数分の支給を受け終わるまでに訓練を開始しないと、延長給付を受けられません。たとえば、所定給付日数が180日以上の人は、所定給付日数の61日以上の支給残日数がなければなりません。

　このような制限があるのは、失業手当を延長するためだけに、受給資格が切れる間際になって、訓練を受講するような「制度の悪用」を

防止するためです。

どのように利用すればよいのか

　訓練延長給付を利用するには、ハローワークの受講指示が必要です。受講指示を受けるには、失業手当の受給手続きをしているハローワークで申し込みます。申込みを受けたハローワークは、職業訓練を受けることで就職が容易になると判断すれば、受講指示を出します。訓練延長給付は所定給付日数分の失業手当を使い切った後では受給できませんので、コースの募集期間や開講時期をチェックして、失業手当の受給資格のあるうちに入校できるコースを探すことになります。とはいえ、最近は、どのコースも競争率が高く、選考を突破するのに時間がかかり、受講開始日までに所定給付日数分の手当を使い切ってしまう可能性もあります。こうした事態を回避する方法として、支給期間中にアルバイトをして、所定給付日数の最終日を後ろにスライドさせるという方法があります。たとえば、所定の給付日数が120日の人が、就業手当が支給となる時期（支給残日数が45日以上かつ所定給付日数の3分の1以上）以外の期間に、アルバイトをしたとします。すると、その日数分の手当は、本来の給付終了日である120日目以降に先送りになります。それによって、所定給付日数分の手当をすべて使い切る期日を遅らせることができるのです。ただし、この条件を満たすのは

■ 訓練を受講するために必要な支給残日数 ･･････････････････････

所定給付日数	90日	120日	150日	180日	210日	240日	270日	300日	330日
訓練開始日での支給残日数（給付制限なし）	1日	1日	31日	61日	71日	91日	121日	151日	181日
訓練開始日での支給残日数（給付制限あり）	31日	41日	51日	61日	71日	91日	121日	151日	181日

給付制限がある所定給付日数が90〜150日の人に限定されます。

受講指示がもらえない場合もある

訓練延長給付を受けるには、ハローワークに受講指示の申込みをする必要があります。しかし、手続きをすれば必ず受講指示がもらえるわけではありません。

申込みを受けたハローワークの担当者は、その人が現状では就職できる可能性が低いものの、訓練を受ければ就職できる可能性が高まると判断した場合に受講指示を出します。

そもそも、公共職業訓練は、そのままでは就職が難しい人に対して訓練を行うことで就職を支援する制度です。ハローワークの担当者は、この制度の趣旨に沿って、受講指示を出すか否かを判断するわけです。したがって、延長給付のみを目的とした申込みや、給付制限の解除のみを目的とした申込みのように、制度の趣旨に反するものについては受講指示が出ません。

その他、細かいルールを知っておかないといけない

職業訓練の応募にあたって、知っておきたいルールが他にもあります。

まず、応募に関するものです。訓練開始時までに退職することが確定していれば、退職前でも訓練に応募できるというルールがあります（一部例外あり）。このルールを活用すると、雇用保険の受給権が確定した後、すぐに訓練開始することが可能になり、給付制限期間を短縮できます。また訓練の申込みについては、併願が禁止されるというルールもあります。さらに、1つの訓練を修了（または途中退校）してから、1年経たないと新たな訓練を受講できないというルールもあります。このルールがある結果、失業手当をもらいながら訓練を受けられるチャンスは、一度の失業で1回だけということになります。

訓練受講中のアルバイトに関するものもあります。手当を受給しな

がら受講している人がアルバイトをした場合には、働いた日の手当の支給は先送りにならず完全に消滅するというルールです。ただし、1日4時間、週20時間未満の勤務だと手当が全額支給される場合もあります。

　最後は、選考に関するものです。これには、自己都合退職者よりも会社都合退職者の方が優先されるというルールや、他県からの応募者よりも地元在住者の方が優先されるというルールがあります。

■ 職業訓練の応募の際に気をつけること ······························

職業訓練と併願	職業訓練の併願は原則として不可。 ただし、地元のハローワークで確認してもらうことが必要。
訓練開始日に 退職していること	職業訓練を受講するためには訓練開始日に退職していることが必要。つまり退職前であっても応募することはできる。
会社都合退職者の 優先	退職理由も選考要素のひとつ。自己都合退職よりも、解雇・倒産など会社都合退職の方が優先される可能性あり。
アルバイト	訓練受講中にアルバイトをした日は失業手当は不支給となる。
過去1年間に 受講していないこと	過去1年間に公共職業訓練を受講している場合には原則として受講できない。
地元者優先の可能性	その職業訓練校の地元の人が優先される可能性はある。 ただし、都市部の職業訓練校では出身地の有利・不利はあまり関係がない。

5 求職者支援制度について知っておこう

雇用保険を受給できない人を対象とした支援制度がある

どんな制度なのか

　ハロートレーニングには、雇用保険の受給資格がない方を対象とした制度があります。これが求職者支援訓練です。求職者支援訓練では、公共職業訓練のように失業手当を受けながら訓練を受講することはできません。ただ、訓練期間中に収入がまったくないと生活が苦しくなり、職業訓練に専念できない可能性があります。これでは、職業訓練を通じてスキルアップや早期就職をめざすというハロートレーニングの目的を果たすことはできません。

　そこで、求職者支援訓練の受講者を対象に、求職者支援制度があります。この制度を利用すれば、訓練期間中に収入のない人でも職業訓練受講手当（月額10万円）を受け取ることができます。たとえば、6か月の職業訓練を受講した場合、合計で60万円を受け取ることが可能です。

　ただし、求職者支援訓練を受講するすべての人に対して、職業訓練受講手当が支給されるわけではありません。支給の対象となるのは、次の4つの要件を充たす特定求職者だけです。

① 　ハローワークに求職の申込みをしていること
② 　雇用保険被保険者や雇用保険受給資格者でないこと
③ 　労働の意思と能力があること
④ 　職業訓練などの支援の必要があるとハローワークが認めたこと

　また、特定求職者になったとしても、次の支給要件をすべて充たさないと職業訓練受講給付金の支給を受けることはできません。

① 　本人収入が月8万円以下

② 世帯全体の収入が月25万円以下

③ 世帯全体の金融資産が300万円以下

④ 現在住んでいるところ以外に土地・建物を所有していない

⑤ すべての訓練実施日に出席している（やむを得ない理由がある場合でも、支給単位期間ごとに８割以上の出席率がある）

⑥ 世帯の中に同時にこの給付金を受給して訓練を受けている人がいない

⑦ 過去３年以内に、偽りその他不正の行為により、特定の給付金の支給を受けたことがない

　求職者支援制度は早期就職をめざす人が、安定して職業訓練や求職活動を行うための制度です。そのため、訓練を遅刻・欠席したり、ハローワークの就職支援を拒否したりすると給付を受け取ることができなくなります。場合によっては、訓練の受講ができなくなったり、受け取った手当の返金命令が行われる場合もあるので注意しましょう。

どのように利用すればよいか

　求職者支援制度を利用するには、ハローワークの支援指示を受けなければなりません。支援指示を受けるには、ハローワークで職業訓練の申込みと同時に事前審査の申請をしなければなりません。職業訓練受講手当の支給を受けるには、事前審査に合格した後も、毎月ハローワークで、月ごとの支給申請を行う必要があります。支給申請を怠ると給付が受けられなくなるので注意しましょう。

6 職業訓練を行っている機関について知っておこう

国・都道府県での実施の他に民間に委託されているものもある

おもな組織をおさえよう

　ハロートレーニングを運営しているのは各都道府県と国です。各都道府県は、技術専門校、産業技術短期大学校という職業訓練施設で職業訓練を実施しています。一方、国（厚生労働省）は、関連団体である独立行政法人高齢・障害・求職者雇用支援機構（機構）を通じて、ポリテクセンターやポリテクカレッジという職業訓練施設を運営し、訓練を実施しています。

　技術専門校は、各都道府県に１つ以上設置されており、工業系のコースが多いことと、新卒者や若年者向けに１、２年の長期コースがあることが特徴です。

　各都道府県が運営する産業技術短期大学校は、工業系の技術者を養成する教育訓練機関です。高校新卒者を対象にした２年制コース（学費有料）がメインですが、まれに離職者向けの短期訓練（学費無料）を実施していることがあります。

　機構が運営するポリテクセンターは、職業能力開発促進センターが正式名称です。東京を除くすべての都道府県に１箇所以上設置されています。ここでは、離職者訓練と呼ばれる訓練（標準６か月）が実施されています。カリキュラムは、工業系や建築系が多く、技術専門校とそれほど変わりません。

　ポリテクカレッジは、職業能力開発（短期）大学校が正式名称です。新規高卒者を対象にしたコース（学費有料）がメインですが、離職者向けに職業訓練（６か月離職者訓練、学費無料）を実施していることがまれにあります。また日本版デュアルシステムというキャリアのな

い若年者を対象とした訓練もここで行われる場合があります。

民間の学校が利用できる場合もある

都道府県や機構は、民間の専門学校、大学、大学院などに職業訓練を委託しています。専門学校で行われる委託訓練は、オフィスワーカー向けのコースが多いのが特徴です。その中では、パソコンに関する知識、技能を習得するコースがかなりのウエイトを占めています。また、最近では、ビジネス英語通訳科、トラベル営業事務科、メイク・ネイル・エステ科などの魅力的なコースも増えています。訓練期間は3か月です。専門学校で行われる委託訓練の最大のメリットは、コースがたくさんあるため、受講できるチャンスが多いことです。また、書類選考だけで合否が決まるコースが多いのも魅力です。大学や大学院で行われる職業訓練は、他の委託訓練に比べて、目立った特徴のないものも多いようです。しかし、その中には、食品流通管理者養成科、計算機科学、環境マネジメント科などのようにユニークな訓練もあります。

その他こんな場所もある

NPO法人、地域職業訓練センター、一般の事業所も職業訓練の委託先に指定されています。NPO法人で行われている委託訓練の中では、NPO法人の設立、起業ノウハウを学び、NPO法人の管理者として働くことをめざすコースが魅力的です。中には就職率が7割を超えるものもあります。地域職業訓練センターは、民間の職業訓練施設です。各地域の企業や業界団体が設立した職業訓練協会という組織が運営しています。民間の専門学校が少ない地域では、委託先が限られてしまうため、この地域職業訓練センターが委託先に指定されています。

一般の事業所が委託先になる訓練もあります。求人セット型訓練と呼ばれるものです。過去に、システムエンジニア、司法書士スタッフ、

Webクリエイター、塾講師などの職種で実施されています。この訓練の特徴は、OJTをメインにしていることです。一定時間の講義も事業所で行われます。この訓練は、就職につながりやすいことが最大のメリットです。3か月程度の実習の間に、委託先に気に入ってもらえれば、修了後に正社員として採用されることが前提になっているからです。ただ、訓練期間中は、給料は支払われず、失業手当を受け取れるだけです。

委託訓練のしくみ

　委託訓練のしくみは、国や都道府県から依頼（委託）を受けた民間の学校などが国に代わって職業訓練を実施するというものです。この委託訓練の中には、職場で実際に働きながら知識、技能を学べるしくみのものもあります。

　たとえば、求人セット型訓練や組み合わせ訓練がそうです。求人セット型訓練は、一般の事業所が委託先になっており、現場で働きながら知識や技能を磨くことができます。一方、組み合わせ訓練は、専門学校が行う委託訓練と求人セット型訓練を組み合わせたものです。専門学校で3か月間知識や理論を学んだ後、1〜2か月間、一般の事業所での職場実習を行います。現在、この組み合わせ訓練は、若年者向けのデュアル訓練のラインナップのひとつとして実施されることが多いようです。

就職につながりやすい日本版デュアルシステム

　委託訓練の一種として、最近注目されているのが日本版デュアルシステムです。この制度は、就業意欲の低いフリーターやニートの就業対策のために導入されたもので、ドイツの若年者向け職業訓練制度を参考にしています。対象者はおおむね55歳未満の若年者です。訓練施設で理論を身につけた後で、職場実習を行うしくみになっている点で

は、組み合わせ訓練と同じです。ただし、決定的な違いが1つあります。それは、「有期パート就労」といって、現場のスタッフとして給料をもらいながら働く期間が含まれていることです。

　日本版デュアルシステムのメリットは、他の訓練と比較して就職につながりやすいことです。修了後に訓練生と事業双方が納得すれば、そのまま正社員として就職できるしくみになっているからです。日本版デュアルシステムを実施しているのは、機構から委託を受けた専門学校、ポリテクカレッジ、ポリテクセンター、技術専門校です。ただし、肝心の有期パート就労が含まれているのは、ポリテクカレッジで実施されている訓練の一部だけです。それ以外は、現場で仕事を体験するだけの実習が組み込まれているにすぎません。日本版デュエルシステムには2年コースと6か月コースがあります。

　ポリテクカレッジで行われているものは、訓練期間が2年です。年間約40万円の授業料がかかりますが、訓練施設で知識、技能を一通り取得した後、企業実習を経て、現場のスタッフとして給料をもらいながら働くことができます。詳細については、デュアルシステムを実施している職業能力開発大学校などに問い合わせてみるのがよいでしょう。

■ 国・都道府県が運営する職業訓練施設 ……………………………

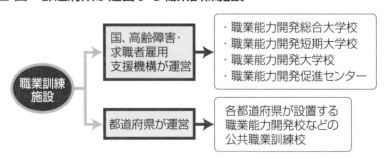

会社都合の休業では雇用調整助成金を活用できる

　不況などにより資金繰りが悪化した場合や営業（生産）ができない場合のように会社都合で従業員に休んでもらうと、給与をもらえるはずの従業員にとっては不利益が大きいものとなります。そのため労働基準法では会社都合で従業員を休業させた場合、休業手当として平均賃金（直近３か月分の給与総額をその暦日数で割って計算した１日あたりの賃金）の６割以上を支払うことを定めています。

　しかし、景気の悪化や地域的な災害で売上が回復しない中で休業手当を支払い続けることは会社にとっても負担が大きなものです。また、負担の大きさから解雇が多発すると失業者が多くなり、雇用環境が悪化してしまいます。そのため、一定の要件を満たした会社が、従業員に休業手当を支払い、雇用維持をすることで、後から休業手当の一部を助成してもらえる制度があります。それが雇用調整助成金です。雇用調整助成金は、要件や手続きが詳細に決まっており、中小企業などが申請することは難しいと言われています。そのため、東日本大震災や新型コロナウイルスの感染拡大によって多数の中小企業が影響を受けているようなときには、要件や手続きを緩和して受給しやすい措置がとられます。

　最近では、新型コロナウイルスの感染拡大によって全国規模で影響を受ける会社が相次いだため、令和２年４月から９月末までの期間（令和２年８月現在、状況によって年末まで延期される可能性があります）、大幅な要件緩和や手続きの簡素化が行われ、中小企業によっては支払った休業手当の全額が雇用調整助成金で補填されるという状況にもなっています。

　このようなことから、会社はまず雇用調整助成金を活用し、休業させた従業員の休業手当の支払を行うべきと考えられています。

第 4 章

生活保護のしくみと手続き

1 生活保護とはどんな制度なのか

国が最低限の生活ができるようにサポートしてくれる制度

生活保護という制度を知ることが大切

　生活保護という言葉自体はよく知られていますが、内容については
あまり知らないという人も多いでしょう。

　生活保護は、国民としての権利に基づき、その制度を利用すること
で、現在直面している経済的危機を乗り越え、自立をめざすものです。
日本では、生活保護を受けるのは恥ずかしいことと捉える風潮もあり
ますが、厚生労働省の「被保護者調査」によると、令和元年2月時点
で、163万2904世帯が生活保護を受けています（月別概要：令和元年
2月分概数より）。

　生活保護の内容について知っておくことで、将来への不安を少しだ
け和らげることもできますし、家族や友人の助けになることもあるか
もしれません。

最低限の生活を営むための制度

　憲法は国民の生存権を保障しています。生存権といっても、ただ命
を保障するというようなものではなく、「健康で文化的な最低限度の
生活」が国によって保障される権利なのです。

　わが国の社会福祉・社会保障・公衆衛生についてのさまざまな法律
は、いわば国民の生存権の保障を具体化したものです。生活保護につ
いて規定している生活保護法もそのひとつです。生活保護は最終手段
であり、最強のセーフティーネットでもあります。あなたの世帯の生
活が苦しくなったとき、国が最低限度の生活ができるように保障し、
その自立を助ける制度です。一定の基準に従って、定められた要件を

満たす場合、生活費や医療費などについて保護を受けることができます。こうした保護を受けるためには、その世帯の人が自分たちの生活のために、持てる能力に応じて最善の努力をすることが必要です。こうした努力をしても最低限度の生活ができない場合に、はじめて国による保護が行われます。

　生活保護は自分の権利を守る究極の危機管理手段です。

生活保護制度の原理

　生活保護制度は、単に生活に困っている人の最低限度の生活を保障することだけを目的とする制度ではありません。生活に困っている人が生活保護の制度を一時的に利用することによって、将来的には自立できるように必要な援助を行うこともその目的としています。生活保護の制度には以下の4つの原理があります。

①　国家責任の原理

　生活に困っているすべての国民に対し、その生活が困難な程度に応じ、国の直接の責任において必要な保護を行います。

　国が最低限度の生活を保障しながら、保護を受ける者の自立を助け促していきます。

②　無差別平等の原理

　人種、信条、性別、社会的身分などはもとより生活困窮に陥った原因を一切問わず、もっぱら現在の生活が困窮しているかどうかという経済状態だけに着目して保護を行います。

　たとえば、ギャンブルで破産して身を滅ぼしたような自業自得ともいえる、生活姿勢などに問題のある場合であっても、この原理により救済してもらえます。

③　最低生活保障の原理

　この原理は憲法25条の理念に基づいています。

　保護の内容として、憲法で定められた健康で文化的な生活水準を維

持することができる最低限度の生活の保障に値するものでなければならないとされています。この健康で文化的な生活水準を満たすための保護基準については、厚生労働省が定めています。

④　補足性の原理

　生活保護を受けるためには、最低限度の生活を維持するために自分のあらゆる資産（不動産、現金、預貯金、有価証券、生命保険の解約金、貸付金、高価な貴金属など）、（労働）能力その他利用できる手段をすべて活用しても最低限度の生活が維持できないことが要件となります。また、夫婦の一方、親、兄弟姉妹など、扶養義務者の扶養が受けられるときは、まずその扶養を受けられないか検討する必要があります。さらに、年金、手当など他の法律、施策が受けられるときは、まずそれらを活用しなければなりません。そうした上でも保護基準に届かない場合にはじめて、その届かない範囲内で生活保護が適用されることになります。

■ 4つの原理

国の責任で保護する

国家責任の原理

人種、信条、性別、社会的身分は関係ない
ギャンブルでの破産など、どのような理由でも受けられる

無差別平等の原理

生活保護制度

最低生活保障の原理

最低限度の生活が保障される

補足性の原理

資産・労働能力・その他利用できるすべての手段を活用
親などの扶養義務者の扶養
他の法律の活用

2 生活保護を受けるための要件について知っておこう

すべての世帯に健康で文化的な最低限の生活を保障する制度である

生活保護を受けるための要件と優先事項

　生活保護を受給するためには、以下のような要件や優先事項を満たしている必要があります。前ページで述べた補足性の原理により、このような要件が求められることになります。

① 資産の活用

　現金や預貯金、貴金属など、一般的に資産と呼ばれているものを持っている場合は、それを売却して生活費に充てる必要があります。ただし現金や預貯金はまったく持っていてはいけないというわけではなく、資産についてもそれを処分することで生活に支障が出る場合は売却を要求されることはありません。

② 能力の活用

　働くことのできる人は、その人の持っている能力に応じて収入を得るために働く努力をすることが求められます。ただ、定年を過ぎた高齢者や、病気の人、雇用情勢が悪く仕事を見つけられないといった事情もありますので、仕事をしていないという理由だけで一切生活保護が受けられないということではありません。

③ 扶養義務者からの援助

　生活保護を受けたいと申請してきた者に対して扶養する義務がある人（扶養義務者）がいる場合には、まず扶養義務者（申請者の配偶者や両親、子供など）その人からの援助を受けることが優先されます。

④ 他の法律の活用

　年金や雇用保険など、生活保護以外に申請者が受給できる法律や制度がある場合は、まずその受給手続きを行うことが優先されます。そ

の上で、もらった年金や雇用保険の額が生活保護基準に足りない場合には、その足りない部分が生活保護費として支給されます。

生活保護基準とはどんなものなのか

　生活保護は原則として個人ではなく、生計を同一にしている世帯ごとに受給が行われます。なお、世帯の中に入院している者がいて、その医療費にかなりの金額がかかり、生活が苦しくなっているような場合には、例外的に世帯を分けるなどの処置をすることもあります。また、生活保護基準とは、その世帯の人数や、年齢などによって決められるもので最低生活費の金額となるものです。最低生活費とは、水道光熱費や家賃、食費など、生活に必要となる最低限の費用です。これら生活保護基準は、国民が健康で文化的な最低限度の生活を営むことができる水準であるとされており、世帯合計の収入や資産がこの生活保護基準を下回る場合は、生活保護の受給対象となります。厚生労働省では生活保護の基準額表を毎年公表していますから、これで自分に生活保護を受ける「資格」があるかどうかをチェックしてみるとよいでしょう。最近では、令和元年10月に基準額が見直されています。生活保護というと、イメージが悪く、申請をためらうこともあるでしょうが、家族や友人の援助も一切受けることができず、心身的に十分な生活費を稼ぐことができない状態であれば、遠慮せずに生活保護の申請を行うべきです。

　なお、この生活保護基準は市区町村によってその金額も違います。物価の高い地域では基準額も高めに設定されています。

収入の認定

　働いて得た収入はもちろん、仕送りや年金も収入として扱われます。実際は、一世帯に入ってきた収入から社会保険料（給料から天引きされる場合はこの限りではありません）などの必要経費を控除した金額

が収入として認定されます。生活保護を受給した後でも、これらの認定された収入がある場合は、生活保護費は収入認定額を差し引かれた分だけが支給されることになります。ただし、世帯に入ってくる金銭のうち、冠婚葬祭による香典や祝い金など、社会通念上、収入とすることが適当でないものに関しては、収入として認定されることはありません。

支給額はどのように算出するのか

世帯の収入認定額と生活保護基準で定められている最低生活費を比較して、申請世帯が生活保護の受給対象となるかどうかが判断されます。収入認定額が生活保護基準額より少ない場合は、生活保護が支給され、支給額は原則として最低生活費から収入認定額を差し引いた金額となります。

どんな場合に生活保護が受けられるのか

生活保護の受給については、以下のようなケースで問題になることがあります。

① 年金受給者は最低生活費を下回っているかどうか

年金を受給している人でも生活保護を受けることができます。給付を受けられる条件は、厚生労働省が毎年定める「最低生活費（生活するために最低限必要な費用）」よりも収入が少なく、生活保護が受けられるその他の要件が満たされていれば、年金の受取額と最低生活費の差額を生活保護から受け取ることができます。

② 世帯主がお金を入れてくれないので困っている

世帯主が家にお金を入れてくれない場合に、残された家族が生活保護を申請しようとしても、認められる可能性は難しいといえます。生活保護は世帯を単位として、その収入が最低生活費よりも多いか少ないかという基準で認定します。この場合、世帯としては収入があるわ

けですから、制度上、適用は難しいと言わざるを得ません。

③ 離婚する場合に生活保護を受けられるか

　離婚が成立している場合、妻が世帯主となって生活保護を申請することはできます。この場合は、生活保護の受給が決まったら、すぐに別居する必要があります。離婚をきっかけに生活保護を受けようとしている場合、生活保護を受けなければ生活できないことを福祉事務所の担当者にわかってもらわなければなりません。夫からの慰謝料、親族からの援助を求めたものの、支援の可能性が期待できないことを説明し、納得してもらう必要があります。

▌働くことができるかどうかが1つの基準となる

　生活保護を受けるには、「働けない、または、働きたくても職が見つからない、働いているけれども収入が少ない」ということを証明する必要があります。生活保護を受けようとする前に、まず自分で稼いで生活できるように努力すべきだからです。

　働ける能力を稼働能力といいます。稼働能力は、人によって異なります。人は、それぞれ年齢や性別、学歴、職歴、疾病の有無など、境遇に違いがあるからです。福祉事務所は、申請者ごとに個別に稼働能力を判断し、生活保護を適用するか、却下するかを判断します。判断によっては、単に職を探すように指導するだけのケースもありますし、短期間だけ生活保護が認められるというケースもあります。

① 働けない場合にはどうする

　働けない場合は、もちろん、生活保護を受ける理由になりますが、受給するには、働けないことを証明する必要があります。証明する際も、あくまで誰もが納得できるような客観的な内容での証明が必要です。病気やケガなどの理由で働けない場合は、福祉事務所が主治医に問い合わせ調査を行います。

② 仕事がない場合

働くことはできるが、仕事がない場合でも、生活保護を受けることはできます。ただし、努力しているが、どうしても見つけることができないことを証明する必要があります。ですから、たとえば、福祉事務所に相談に行くときに、過去の就職活動の内容がわかるような記録やハローワークの登録カードなどを持っていくのがよいでしょう。

③　収入が少ない場合

　働いているものの収入が少ないという場合には、企業に雇用されているかどうかにかかわらず、自営業などであっても生活保護を申請することができます。ただし、労働による収入または利益が最低生活費よりも少ないというだけでは「収入が高い職に移ればよい」と判断されてしまいます。少ない収入で働かなければならない客観的な理由を説明し、福祉事務所に納得してもらう必要があります。たとえば、病気や介護で特定の時間しか働けないといった理由です。努力してもこれ以上の仕事が見つからないということも理由になります。その際は、仕事がない場合と同様に、証拠となる書類等があるとよいでしょう。

■ 支給額 ・・

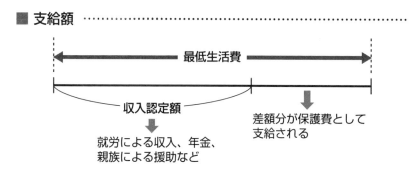

3 扶養義務について知っておこう

扶養義務のある人には、扶養照会の書類が送付される

■ 3親等内の親族には扶養義務がある

　生活保護を受給できるかどうかの大きな境になる審査項目の1つが、扶養義務のある親族からの援助が受けられるか受けられないかということです。扶養義務のある親族が援助してくれる場合は、生活保護を受けられないか、または受けられたとしても減額支給されることになっているのです。

　扶養義務のある親族とは、3親等内の親族のことです。このうち、申請者の親、配偶者、子供、兄弟姉妹といった人は法律上扶養義務があることが明記されていることから、絶対的扶養義務者と言われ、生活保護を申請した場合に、まず、援助できないかが問われます。

　また、扶養義務には自分の生活と同程度の生活をさせなければならない生活保持義務と、自分の生活を損なわない範囲で支援を行えばよい生活扶助義務がありますが、配偶者は、「生活保持義務関係」にある者とされ、扶養義務を最も強く求められます。絶対的扶養義務者以外の3親等以内の親族（叔父叔母など）については、過去や現在において申請者やその家族を援助している場合など、特別な事情がある場合には扶養義務を負わせることができます。この場合に扶養義務を負う人のことを相対的扶養義務者といいます。

　なお、本人が離婚している場合、子供については、元配偶者にも扶養照会の書類が送られます。子については、元配偶者であっても生活保持義務関係者としての責任があるからです。

親や兄弟の扶養責任が重視されるようになった

　申請をすると、福祉事務所では扶養義務者に対し、申請者を援助できるかどうかについて質問する書類を送ります。これを扶養照会といいます。扶養照会は、決して強制ではありません。つまり、「扶養できる経済的力があるならば、必ず扶養せよ」という強制力のある書類ではないということです。

　しかし、生活保護費の不正受給の問題が注目を集める昨今では、親族がもっと扶養義務を果たすべき」という声が高まっていました。

　そこで生活保護法では、扶養義務者が扶養義務を履行していない場合、要保護者の生活保護の開始決定について、当該扶養義務者に書面で通知する旨が規定されています（24条8項）。また、扶養義務者の資産や収入等について、本人はもちろん、扶養義務者の勤務先や利用している金融機関等に対して報告を求めることができる旨も規定されています（28条2項、29条1項）。つまり、生活保護の申請をすると、要保護者の親兄弟に連絡が行き、扶養責任を果たすよう、強く要求されるということです。

　ただし、これにより親兄弟に困窮を知られたくない要保護者が申請を取りやめる、保護開始を知った扶養義務者が「体裁が悪いから申請するな」と要求するといったケースが起きているとの指摘もあります。

金銭以外のサポートもありうる

　金銭面での扶養ができなくても、訪問して精神的な支えになるといったサポートができる場合は、扶養照会の書類にその旨を書くようにしましょう。申請者にとって心強い味方に感じられるのはもちろんですし、支えになってくれる人がいてくれるということは、生活保護を受ける上で優位な判断材料にもなるからです。

生活保護の受給資格について知っておこう

実際に住んでいる場所の福祉事務所に申請する

住所不定の人はどうするのか

　生活保護は福祉事務所に申請します。福祉事務所は市区町村役場にありますが、あちこちを転々として生活をしている住所不定者の場合にはどの地域の福祉事務所に行ってもかまいません。現在、困窮している場所を管轄している福祉事務所が生活保護を与える権限と義務を負うという現在地主義が適用されることになっています。たとえ住民登録をしていなくても、現に○○市内のアパートに暮らしているのであれば、○○市の福祉事務所に申請するのが基本であり、○○福祉事務所が保護を実施しなければならない義務があるわけです。また、野宿や路上で生活する人の場合も、本人が選んで出向いて相談を行った福祉事務所が保護を行う義務を負うことになります。福祉事務所によっては、なるべく生活保護受給者を増やさないために、「以前住んでいた場所の福祉事務所に行くように」と指示されることもあります。

　しかし、生活保護を受けようとする人は交通費にも事欠くことが多いものです。そのために住所不定の人は日本全国どこの福祉事務所でも対応しなければならないと定められているわけですから、相談員の言いなりにならず、相談した福祉事務所で対応してもらえるように要請しましょう。

居候の場合にはどうするのか

　居候をしている場合にも、アパートを借りている人と同様に住民登録をすることができます。居候先の住所を住民票に記載される住所として登録することには何の問題もありません。ただ、少なくとも居候

先の主にその理由を告げておくべきでしょう。

　また、福祉事務所に相談に行く場合には、現住所が居候先であることを正直に告げる必要があります。

▍収入をチェックする

　相談に行く前に資産とともにチェックをしておきたいのが収入です。収入は、最近３か月分を３で割って平均をとるようにします。その平均額が生活困窮者の大まかな基準である10万円前後（１人世帯、ただし、地域差があります）に満たなければ生活保護を受けられる可能性が高くなります。慢性の病気で多額の医療費を払っている人は、収入からさらに医療費を引いて計算することができます。ですからこの場合、平均した収入が10万円前後を超えていても十分に資格はあるわけです。

▍借金がある場合にはどうなるのか

　たとえ借金があったとしても、もちろん生活保護を受けることはできます。ただ、生活保護を受けなければならないほど窮しているのであれば、自己破産や任意整理を行って借金を整理する必要があります。この整理は自分で行うこともできますが、手続きなどが複雑であるため、通常は弁護士や司法書士などに委任することになります。実際、借金関係が入り組んでいる場合、自分で解決するのは難しくなります。ただ、困窮している状況にあるにもかかわらず、弁護士などの専門家に高い費用を支払うのは無理があります。そのような場合、法テラス（日本司法支援センター）の法律扶助制度（0570－078374）をうまく活用すればよいでしょう。法律扶助制度を利用すると毎月かかった費用を分割で支払っていくことができます（一定の要件を満たしている必要があります）。

5 住居をめぐる問題について 知っておこう

家賃や家の補修費用も補助される

家賃が高額な場合や差額を親が出してくれる場合

　生活保護では、日々の生活費の他、家賃も補助してもらえます。補助してもらえる金額は、地域別に上限が決められています。さらに、都道府県単位でさらに補助金額を一定額上乗せする「特別基準額」というものもあります。

　注意したいのは、生活保護の申請時に住んでいる家の家賃が高いからといって、それが申請を却下する理由にはならないということです。福祉事務所の中には「家賃が安いところに引っ越してからでないと、申請できない」と突っぱねるところもあるようですが、法律上はそのようなしくみにはなっていません。

　ただし、家賃が特別基準額を大きく超えてしまう場合は、生活保護を受けてからすみやかに転居するように指導されます。

　「家賃の差額を親が援助してくれるので引越をしたくない」と言っても、引っ越すように指導されます。生活保護は、あくまで生活を維持するための支援であって、よりよい家に住むための支援ではないからです。このような場合は、親の補助を生活費に回すように指導されます。

　ただし、自分が病気で、家の近くにかかりつけの病院があり、引っ越すと病院に通いにくくなるなどといったやむを得ない事情がある場合は、医者の意見なども聞いた上で住み続けることができる場合もあります。しかし、その場合は、生活費から家賃を捻出しなければならないことになりますので、対応策を検討しなければなりません。

転居費用を出してもらえるのか

今住んでいる家賃が特別基準額よりも高い場合など、福祉事務者が転居の必要性ありと認めた時は、生活保護を受けてからすみやかに転居するように指導されます。これを転居指導といいます。転居指導を受けた場合は、敷金、礼金、引越し費用などとして、一定額の転居費用が支給されます。

親が借りている部屋に住んでいる場合（居候の場合）

生活保護を申請する上で最も注意を必要とするケースが、申請者が親の借りている部屋に住んでいるなど居候をしている場合です。居候をしている場合は、原則として生活保護を受けるのは難しいと考えてください。

なぜなら、生活保護は世帯単位で適用される制度であり、支給にあたっては申請時現在の居住実態が考慮されるためです。

居候の場合、親を含めて1つの世帯とみなされます。自分には貯金も収入もないが、親には十分あるという場合、世帯としては貯金も収入も十分あるわけですから、生活保護を受ける要件を満たさなくなります。

生活保護を受けたいと思った場合は、できる限り住んでいる家を出る目前に申請すべきでしょう。

世帯分離と別世帯との違いは

生活保護は世帯単位で保護を行う制度ですが、世帯の一部を同居の家族と分けて保護するために世帯分離という取扱いが行われることもあります。よく使われるケースが、高齢者の医療費負担に伴う世帯分離です。同居している家族の高齢者が入院している場合、扶養家族である高齢者の医療費は、家族が負担します。しかし、入院が長期に渡る場合、医療費が家族の生活を圧迫するケースも出てきます。そのよ

うな場合、特別に入院中の高齢者だけを分離して、生活保護の対象とすることで、家族の医療費負担を大幅に軽減することができます。このように、世帯分離は国民の福祉維持の面から例外的に認められる制度です。

　前述した入院のケース以外にも世帯分離が認められることはありますが、「世帯員のうちに、稼働能力があるにもかかわらず収入を得るための努力をしない者がいるが、他の世帯員が真にやむを得ない事情によって保護を要する状態にある場合」といった要件を満たすことが必要です。

　一方、別世帯とは、生活の場も家計も完全に別々な状況をいいます。

▎修繕費用は出してもらえるのか

　持ち家の人が生活保護を受けている場合、家の補修に必要な費用は生活維持費として支給されます。ただし、支給されるのは、あくまでも最低限度の生活を維持する上で必要な補修の費用だけです。

■ 世帯分離と別世帯 ･･･

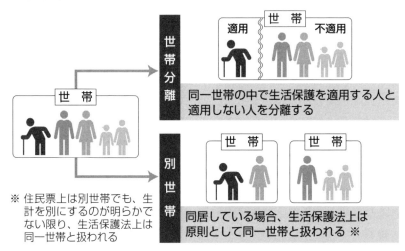

世帯分離：同一世帯の中で生活保護を適用する人と適用しない人を分離する

別世帯：同居している場合、生活保護法上は原則として同一世帯と扱われる ※

※ 住民票上は別世帯でも、生計を別にするのが明らかでない限り、生活保護法上は同一世帯と扱われる

136

6 一定の資産があるとどうなる

資産があっても生活保護を受けられることがある

■ 資産は最低限度の生活を維持する上で必要な範囲に限られる

　よく預貯金がまったくない状態でないと生活保護を受けることはできないと勘違いされることがありますが、預貯金や現金も一定額を超えなければ、ある程度の蓄えがあったとしても、生活保護を受けることは可能です。

　ただし、生活保護が認められるためには、資産は健康で文化的な最低限度の生活を維持する上で必要な範囲に限られます。現金・預貯金の資産を保有していてもよい限度額とは、おもに生活扶助、住宅扶助、教育扶助の合計額の半分とされています。

　また、現金や預貯金以外にも、以下のようなものも資産と判断されています。生活保護では、原則として預貯金以外の資産を保有することは認められていません。資産を処分することで生活に支障をきたすことになる場合を除き、これらを保有している場合は処分を行い、生活費の足しにすることが求められます。

① 持ち家や土地

　持ち家や土地は、売却するか貸し出すなどして、換金を行います。売却か賃貸かの判断は、収益性や換金性の面を考慮して判断されますが、特に家や土地は、売りに出してもすぐに売却されて換金できるとは限らないのが特徴です。

　まだ資産が手元に残っているからといって、それが売れて収入となるまで生活保護の支給を先延ばしにするわけにはいきません。このような換金に比較的時間を要するような資産を保有している場合は、まず生活保護の支給が先に行われます。これによって扶助費などは事前

に受け取ることができるようになりますが、資産が売却されて収入ができた時点で、それまで受け取っていた扶助費は返還する必要があります。

　なお、持ち家などがどうしても必要不可欠であれば、処分をしなくても、生活保護を受けることができます。

② **乗用車・家具家電**

　基本は売却・換金して生活維持のために活用します。ただし、特に自動車や家具、家電などについては、たとえ資産という性質を持っていたとしても、売却してしまっては生活が成り立たない場合もあります。そのため、これらの物を処分することで最低限度の生活が保てないと福祉事務所が判断した場合には、保有し続けることが認められています。たとえば、自動車であれば、公共交通機関の利用がきわめて困難な地域に住む被保護者が通勤のために必要とする、あるいは障害者が通院・通所・通学などのために必要とするなど特別な事情がある場合です。

③ **その他の資産**

　その他、株式、債権や生命保険なども原則として資産とみなされます。債権は、回収し、生命保険は解約して生活費の代わりにします。

　しかし、生命保険については、換金額が少額（最低生活費の3か月程度、または30万円以下が一応の目安とされています）である場合は、保有し続けることも認められています。

　申請者の資産をどのように処分するか、保有していてもよいかなどの判断は、現状では福祉事務所の判断にまかされています。福祉事務所は、前例に基づいて資産の扱い方を決定しますが、現実は、申請者個々の生活環境も経済状況もさまざまだといえます。福祉事務所としても、生活保護制度の根幹をなす原理のひとつである「補足性の原理」（124ページ）と、容易に照らし合わせることができるわけではありません。そのため、資産の活用についても、利用者側と福祉事務所

側との間に認識のずれが起こりやすいことが問題視されています。

■ 生活保護と保有できない財産 ……………………………………

財産	保有の可否 （原則）	理由・注意点
持ち家	△	住宅ローンのない持ち家であれば、基本的に住みながら生活保護を受けることができる。 住宅ローンが残っている場合は、保有が認められず、自宅の売却が必要。
自動車	×	自家用車の保有は原則として不可。 身体障害者で通院に必要な場合や、交通の便が極端に悪い場所に住んでいる場合には、例外的に保有が認められる。
電器製品・生活用品	△	ぜいたく品の保有は不可だが、その地域での普及率が7割を超える物品の保有は可能。 個々のケースの判断になるが、携帯電話・パソコン・クーラー・テレビの保有は、高価なものでなければ認められる傾向にある。しかし、4Kテレビなど一般家庭でもあまり普及していない物品は売却が必要。
現金・預貯金	△	現金や預貯金の合計が最低生活費以下であれば、現金や預貯金を保有したまま生活保護を申請できるが、それらの半額を超える分は最初の生活保護費から差し引かれる。
株などの有価証券や貴金属	×	換金性が高いため、保有が認められず、売却が必要。
生命保険の保険金の受給	△	保有が認められる生命保険の保険金の受取りは可能。 ただし、福祉事務所に申告して保険金の分についての医療費や生活保護費は返還することが必要。また、貯蓄性の高い保険は解約して払戻金を生活費に充てることが求められる。

7

収入があると生活保護は受けられない

あらゆる手を尽くしても生活できない場合にのみ受け取れる

手持ちの保有資金はどのくらいまで認められるのか

生活保護は、あらゆる手段を使っても生活ができなくなった状況になって初めて適用されます。したがって、収入が最低生活費を上回る場合はもちろん、最低生活費以下の収入しかなくても、貯金がある場合は、それを使い切ってからでないと申請できないのが原則です。しかし、貯金がゼロにならなければ申請できないというのも、あまりに杓子定規な考え方です。そこで、生活保護法では、申請できる貯金（手持ち金）を最低生活費の50％以下と定めています。つまり、1か月の生活費の半分まで貯金がなくなったら、申請できるというわけです。

原則として貯金はできない

生活保護費から貯金することは認められているのでしょうか。最高裁判所は、生活保護の目的に適う貯蓄は資産にあたらないため保有を認めるという判断をしています。ただし、一般的に蓄財と判断されるような貯金は生活保護法の目的としているものではないという判断も示しています。つまり、社会通念上、将来の生活に最低限必要な費用を生活保護費から少しずつ貯蓄し、金額的にも多額にならない場合は、貯金も認められると考えてよいでしょう。

生活保護を受けながら借金を返済することはできない

貯金をすることは、条件によっては許される場合もありますが、借金の返済に生活保護費を充てることはできません。生活保護を受けている間は支給されている保護費から借金を返済してはいけないことが

法律上、明記されているからです。生活保護は最低限の生活を維持するために支給されます。借金の返済に回せば、生活が圧迫され、最低限の生活も維持できなくなるおそれがあります。また、生活保護費から借金を返済してもよいということになりますと、たとえば自動車ローンを返済した場合、生活保護費で自動車購入を認めることになってしまいます。

　生活保護を受けようとする場合は、借金は、自己破産などで精算するか、自立した後で返済するよう、債権者と話し合うようにしなければなりません。

住宅ローンが残っている場合はどうか

　生活保護費で借金を返済してはいけないのですから、住宅ローンの支払いもできません。これを許してしまうと、生活保護費で家を買うことに結びついてしまうからです。ローンの毎月の返済額が住宅費補助である特別基準額より少ない場合でも、返済に使うことは許されません。

　住宅ローンが残っている場合は、家を売却するなど、財産整理の手続きを進めると同時に生活保護を申請することになります。

■ 生活保護の申請と現金の保有 ···

5割

地域ごとに定められている最低生活費

○

×

地域ごとに定められている最低生活費の5割までの
現金の保有は認められる

8

生活保護の申請ではどんな書類が必要なのか

本人または家族が申請する

申請手続時の提出書類の厳格化

　以前は、生活保護の申請について、必ず用意すべき書類はなく、口頭での申請も認められていました。しかし、法律が改正され現在では、原則として申請書の提出が必要になりました。申請書の記載事項は次のとおりです（生活保護法24条）。

①　要保護者の氏名、住所（居所）

②　申請者と要保護者が異なるときは、申請者の氏名、住所（居所）、要保護者との関係

③　保護を受けようとする理由

④　要保護者の資産および収入の状況

⑤　その他厚生労働省令で定める事項

　さらに、保護の要否や内容を決定するために必要な書類の添付が求められています。このように申請手続が厳格化されたことにより、申請書類の準備に手間や時間がかかるなどの声もあがっています。

どんな書類を持っていくのか

　相談にあたって準備しておく書類を確認しておきましょう。この他にも事情を説明するのに必要だと思うものがあれば、その書類などを持っていって相談するとよいでしょう。

①　最近3か月間の給与明細書

　仕事をしていない場合は、当然ですが持参の必要はありません。

②　銀行や郵便局の預貯金通帳の全部（定期預金などを含みます）

　持っているすべての通帳に当日の残高を記録して持参する方がよい

でしょう。記録漏れがあって申請ができないというわけではないですが、他にも財産があるのを隠していたと思われると生活保護を受けるにあたり不利になります。

③ **賃貸住宅（アパートなど）の契約書、家賃の領収書**

部屋の賃貸借契約を結んだ際に不動産業者から渡される賃貸借契約書と家賃の払込みの記録がわかるもの（賃貸人に直接支払いの場合は領収書、振込の場合は通帳）が必要です。現在、所定の住まいがない場合は当然、用意する必要はありません。

④ **自分の世帯で年金や恩給・児童扶養手当、障害手当などを受給している者がいる場合はそれら公的扶助に関する書類**

現に年金をもらっている場合は、生活保護基準額との差額が生活保護の金額になります。

⑤ **健康保険証、介護保険証、障害者手帳など**

生活保護を受けた場合には、医療費や介護保険費は生活保護の医療扶助や介護扶助でまかなわれるため、保険証などを自治体に返却することになります。その手続きのために必要となりますので、古いものでもあれば持参するようにします。

■ **生活保護の申請** ‥‥‥‥‥‥‥‥‥‥‥‥‥‥‥‥‥‥‥‥‥‥

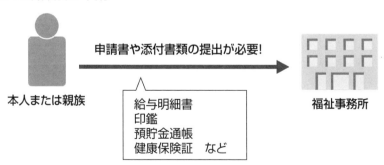

本人または親族　申請書や添付書類の提出が必要!

給与明細書
印鑑
預貯金通帳
健康保険証　など

福祉事務所

⑥　不動産の登記簿

　不動産（土地や建物）を持っている場合には、登記事項証明書を持参します。登記事項証明書は法務局で入手します。

⑦　ガスや水道などの公共料金

　領収書などを持っていきます。

⑧　印鑑

　認印でもかまいません。

■ 生活保護の申請時に準備しておく書類 ⋯⋯⋯⋯⋯⋯⋯⋯⋯⋯⋯⋯⋯⋯

書　　類	内容・注意点
銀行預金通帳、郵便貯金通帳	残高の確認を行うために提出する
健　康　保　険　証	申請が認められれば健康保険証は返還するため、提出する
介護保険証や保険料の通知	40歳未満であれば不要
何らかの手当を受けている人はそれが確認できる書類	児童手当や障害給付などを受けている人は、その書類
過去3か月分の給与明細	直前まで会社勤めをしていた人は提出する
生命保険証、簡易保険証	民間の保険に加入している人は保険証書を提出する
老齢基礎年金や老齢厚生年金等の証書・書類	60歳以上の人など、年金受給権がある人は提出する
部屋の契約書、家賃通帳	アパートなどに住んでいる人は部屋の契約書を提出する
不動産の登記事項証明書、登記済権利証	不動産を所有している場合には権利者であることがわかる書類を提出する
公共料金の領収書	電気・ガス・水道の利用料金がわかる書類
印鑑	申請書に押印する印鑑。認印でも可
その他	求職活動をしていることがわかる手帳・ノート。子など扶養義務者の連絡先を書いた書類などの提出を求められることがある

9 申請手続きの流れはどうなっているのか

生活保護の申請を行うと福祉事務所による調査が行われる

誰が申請するのか

　生活保護の申請をすることができるのは、原則として本人または家族（配偶者や子、両親などの扶養義務者）です。

　国の方から進んで保護をしてくれるというわけではなく、本人などによる申請が必要になるということは知っておく必要があります。

　ただし、本人に緊急の病気・ケガといった事態が生じ、自ら福祉事務所を訪問することができないようなケースでは、福祉事務所の職権によって保護が行われることがあります。

どのような手続きをするのか

　生活保護を受給するには、まず、生活保護の申請を行う必要があります。生活保護の申請は、住民票のある市区町村を管轄する福祉事務所で行います。

　申請の際には相談員との面接があり、最終的にはさまざまな書類を提出することになりますので、事前に電話で連絡を行うとよいでしょう。

　生活保護の申請の際には、保護申請書（149ページ）を作成・提出します。その他、福祉事務所の判断により、資産申告書や給与明細書、就労状況申告書などを提出することになります。また、本人の収入調査の際、福祉事務所が財産調査を行うこともあるため、調査についての同意書（150ページ）への署名を求められることもあります。申請書や同意書の様式は地域によって異なりますが、記載事項はおおむね掲載した書式のとおりです。

　なお、生活保護の受給が行われるかどうかの決定は、申請から14日

以内に通知されることになります。しかし、生活保護の調査は扶養義務者に対して申請者を扶養することができないか確認をとる必要もあるため、決定の通知が遅れる場合もあります。

訪問調査や保護の決定

申請の手続きが行われた後は、福祉事務所の担当員（ケースワーカー）が申請世帯の自宅の訪問調査を行います。訪問調査では、申請者以外の同世帯員とも面談などを行い、本当に生活保護の支給が必要かどうかの判断材料とします。これらの調査結果を元にして生活保護の要否判定が行われます。

受給後はどうなるのか

生活保護の受給が決まった後は、原則として申請の日の分から支給されます。

例外的に過去にさかのぼって支給されることもありますが、逆に資産や収入の面から、扶助が必要となる日までは支給されない場合もあります。生活保護の受給後は、定期的に福祉事務所の担当者による家庭訪問が行われます。

生活保護には継続的に支給されるものと、一時的に支給されるものがあります。一時的に扶助が必要となったものについては、福祉事務所に申請を行います。

生活の維持・向上に努める

生活保護利用者は、生活の維持、向上に努めなければなりません。そのため、生活指導やその人の能力に応じた就業を行うことを指導されることがあります。

なお、生活保護の利用世帯は住民税などの税金がかかりません。しかし、申請以前に税金の滞納がある場合は、支払期間に猶予が与えら

れはしますが、滞納分が帳消しになることはありません。

保護の停止や廃止が行われる

　世帯の合算収入が増えたり、最低生活費が下がった場合には、生活保護の停止や廃止が行われる場合もあります。一時的に保護が必要でない状態となったような場合には保護の停止がなされます（198ページ）。

　停止になってもケースワーカーによる家庭訪問は行われますが、医療費については自分で支払うことになります。

　また、約6か月以上、生活保護が必要ない状態が続くなど、保護が必要でなくなった場合には、保護が廃止されることになります。

福祉事務所の調査権限の拡大や不正・不適正受給の防止

　生活保護法には、生活保護の不正・不適正受給を防止することを目的として、次のような規定があります。

① 　福祉事務所の調査権限

　福祉事務所の調査権限は受給者の資産および収入だけでなく、就労や求職活動の状況、健康状態、扶養の状況などに及びます。また、福祉事務所から市区町村長や税務署長など官公署等に情報提供の求めがあった場合、回答することが義務付けられています。

② 　不正受給の罰則および返還金

　不正受給の罰則は、「3年以下の懲役または100万円以下の罰金」です。また、不正受給した保護費の徴収にあたって、徴収する額に100分の40を乗じた金額の上乗せすることも認められています。

■ 生活保護申請から決定までの流れ ……………………………

 福祉事務所に行く
● 市区町村役場や福祉事務所（市区町村役場内にあることが多い）に行き、生活に困っていることを伝える

 面 接 相 談
● 相談員（ケースワーカーなど）により面接相談が行われる
● 現在の生活状況、収入や資産の状況などを伝え、他に利用できる制度はないか、今後の生活をどうしたらよいかなどを話し合う

 申 請 受 付
● 生活保護を申請するしか方法がないと判断されたときには、保護の申請をすることになる

 資力調査
（ミーンズテスト）
● 申請に基づいて、ケースワーカー（現業員）が世帯の収入や資産の有無やその程度、扶養義務者から援助が受けられるかどうかなどを調査する

 保護の要否判定
● 調査に基づいて、申請者に保護が必要かどうかの判定を行う

保護の決定
● 福祉事務所は、保護の必要がある時は生活保護の適用を決定し（保護の決定）、保護の必要がない時は申請却下を決定する
福祉事務所の決定に不満がある申請者は、通知を受け取った日の翌日から60日以内に知事に対して審査請求ができる

 生活保護費の受給
● 生活保護の適用が決定されると、通常は窓口に来所するように指示され、その場で第1回目の保護費が渡される
● 保護受給中は定期的に担当のケースワーカーの家庭訪問がある

受給後の生活
● 生活の維持向上や健康の保持増進に努める
● 収入や支出その他の生計の状況を適切に把握する

保　護　申　請　書

世帯 番号

令和　○年　○月　○日

（あて先）
　　○○福祉事務所長
　　　　　申請者住所　　○○市　　○○町　　○丁目　　○番　　○号
　　　　　　　　　　　　　　　方　　　TEL ○○○（○○○）○○○○
　　　　　氏名　甲山　太郎　　　　　　　　　　㊞
　　　　　　　　　　　　要保護者との関係

次のとおり生活保護法による保護を申請します。

現　住　所		○○市　　　○○町　　　○丁目　　　○番　　　○号						
	氏　　名	続柄	性　別	生年月日	年齢	職業・学校・学年	学　歴	健康 状態
保護を受けたい人	甲山太郎	本人	⑭・女	昭和○○年 ○月○○日	53	無　職	高校 卒業	不良
			男・女					
			男・女					
			男・女					
			男・女					
			男・女					
			男・女					
			男・女					

保護を受けたい理由	腰の病気を患い、手術をしましたが、未だに痛みがとれず働くことができま せん。生活費ばかりか医療費もままならず生活に困っています。

援助者の状況（親兄弟、親族、その他）	氏　　名	続柄	年齢	職　　　業	現　　　住　　　所
	甲山花子	母	75	無　職	○県○市○町○丁目○番○号

同　意　書

　保護の決定又は実施のために必要があるときは、私の資産及び収入の状況につき、貴職が官公署に調査を嘱託し、又は銀行、信託会社、私の雇主、その他の関係人に報告を求めることに同意します。

令和　○年　○月　○日

住所　○市○町○丁目○番○号
氏名　甲山　太郎　　　　㊞

10 家庭訪問について知っておこう

定期的にケースワーカーが訪問し、指導を行う

どんな目的で行うのか

　生活保護の大きな目的の１つは、受給者が自立して生活できるよう支援することです。ですから、世帯が抱える問題、世帯の生活状況、現在の収入の状況などを細かく把握して、自立の後押しができるように担当のケースワーカーが家庭を実際に定期的に訪問し、直接面談を行うことにより、その現状を知ることは極めて大事な事です。生活保護の受給を受けている側も、チェックされているという意識を持つだけでなく、自分ではわからない各種申請の方法を尋ねたり、自立のために問題になっていること、就労で悩んでいることなどを積極的に相談してみるべきでしょう。

何回くらい来るのか

　生活保護の実施要領というものがあり、家庭訪問は少なくとも１年に２回以上、入院、入所訪問は少なくとも１年に１回以上訪問して、生活状況を実際に調査することが規定されていますので、それに基づいて訪問計画が実施されます。

　実際には１か月から６か月の間に１回程度となることが多いようですが、このように訪問期間に幅があるのは保護者によって状況が異なり、指導が必要と思われる保護者に対してはそれだけ頻繁に訪問、指導を行っているからです。訪問の際には実際の生活状況を見るために、事前に連絡が来ることはほとんどありません。ケースワーカーの勤務時間は、通常午前９時から午後５時までとなっていますので、おおむねこの時間帯に訪問を受けることになります。早朝や夜の遅い時間帯

に訪問されることはほぼないと考えてよいでしょう。

どんな指導をするのか

　受給者によって、その保護の理由や生活状況が異なりますので、指導の内容がこれといって決まっているわけではありません。ただし、健康に問題があり仕事ができないという理由で保護を受けているにもかかわらずたびたび留守がちであったり、申告していない収入があった場合には、厳しく調査され、問題があれば厳しい指導も考えられます。通院している場合には直接医療機関を訪問して調査することもありますので、虚偽の報告や申告漏れなどがないようにしましょう。何度か注意や指導を受けたにもかかわらず、改めない場合には、生活保護が停止されたり廃止されたりする可能性があることを十分に心にとめておく必要があります。

　また、働ける状態にある受給者には、就労指導が行われます。ハローワークで積極的に求職活動をしている場合には、データベースで検索をしたり、窓口で職員の指導を受けたりしているはずですので、その記録を見せる必要が出てくることもあるようです。

指導が不適切な場合もある

　非常にまれな例ですが保護者に自立を促すあまり、不当な発言や不適切な指導を行ってしまうケースもあるようです。ケースワーカーも法律に基づいて指導しているわけですから、個人の判断や価値観だけで指導してよいわけではありません。不適切な指導が続くようであれば「福祉事務所へ指導内容の問い合わせをする」「指導内容を書面にしてもらい、そこに署名を求める」といった方法で、客観的な証拠を残し、第三者にもその不当な指導を確認してもらえるようにしましょう。

11 福祉事務所に相談する

相談から保護が決定されるまでの流れをつかんでおく

現在住んでいる場所の福祉事務所に申し立てることができる

どんな理由であろうと生活に困り、生活保護について相談したいと思った場合は、まず、市区町村役場などに設けられている生活保護相談窓口である福祉事務所（あるいは役所・役場の福祉担当課）に行きます。

福祉事務所とは、社会福祉法で設置が要求されている「福祉に関する事務所」のことで、生活保護法や児童福祉法、母子及び父子並びに寡婦福祉法等で定められている援護、育成などの事務の事務処理を担当します。福祉事務所の多くは市区町村役場の中にあります。そのため、たいてい、役場に行って確認すればどうしたらよいのかを教えてくれます。

ただ、住民票のある市区町村と今住んでいる市区町村が異なる場合もあるでしょう。そのような場合、生活保護法では、実際の居住実態を優先することになっているので、今住んでいる住所地の市区町村役場に行けばよいことになります。また、野宿や路上で生活する人の場合も、本人が現にいる場所の市区町村役場の福祉事務所に行けばよいということになります。

福祉事務所の受付で生活保護の相談に来た旨を伝え、相談カードに必要事項を書き込みます。具体的には、住所・氏名・相談したい内容・本籍地などを記入します。特定の住まいがない場合は住所の欄は空欄にしておきます。

そのカードを受付に提出すると、相談員は過去にあなたが相談に来たか、そのときはどのような用件でどのような結論が出たかなどの履

歴を調べた後に、面談が開始されます。

　福祉事務所で生活保護制度の運用を担当し、社会福祉法に規定されている「援護、育成または更生の措置に関する事務」と言われる、いわゆる現業事務を担当する「現業員」のことを、一般的にケースワーカーと呼んでいます。本来、ケースワーカーは「社会福祉主事」の資格が必要とされていますが、市区町村によっては、社会福祉主事資格を持たない人が配置されている場合もあるようです。

　いずれにしても、市区町村の福祉事務所では、このケースワーカーと呼ばれる人が相談に来た者の話を聞いて、一緒に解決策を考えてくれます。このとき、ウソをついたり、隠しごとをせずに、なぜそのような生活を送る状況になったのかを、誠意をもってはっきりと正確に説明する必要があります。

　生活保護を受ける上では、担当のケースワーカーとの信頼関係を築くことが何よりも重要です。最初からウソをついているようでは、生活保護を受けることは難しくなります。

　ケースワーカーが相談者の話を聞いて生活保護の必要がありそうだと判断すれば、申請用紙を渡されるので、必要事項を記載して提出をします。その後、家庭訪問や資力調査（ミーンズテスト）を行って、生活保護を適用するかどうかを決定します。

　なお、生活保護を受ける十分な理由があるにもかかわらず福祉事務所が申請をさせないこともあります。そのような場合に備えて自分で申請書を作成して提出するという方法があります。

■ケースワーカーは必ずしも頼れる存在とは限らない

　生活保護を申請しようと福祉事務所を訪れた際に、対応してくれるのがケースワーカーです。生活保護を受給している間も、受給者を指導したり、受給者の相談に乗ったりします。つまり、生活保護の窓口であり、生活保護受給者の世話係です。したがって、生活保護を受け

ることになった場合には、ケースワーカーは生活保護から抜け出すための良いパートナーなのだと認識し、担当のケースワーカーと信頼関係を結ぶ努力をしなければなりません。

　しかし、一方で、ケースワーカーも役所の一公務員であるという側面があることを忘れてはいけません。辞令によって希望したわけでもないのに福祉事務所に配属されている人も多いようです。つまり、皆が皆、熱心に福祉の専門的な勉強をしているケースワーカーというわけではないのです。そのため、生活保護の申請に行くときは、ケースワーカーに頼りきりになるのではなく、「健康で文化的な最低限度の生活を送る」という国民の権利を強く求めるという姿勢も必要になってきます。

　かといって、高飛車になる必要はもちろんありません。相手は、生活に困窮した人を助けるのが仕事ですから、言うべきことはしっかりと言い、聞くべきところは素直に聞くという態度で真摯に話し合えば、粗略な対応はせず、相談に乗ってもらえるでしょう。

■ 福祉事務所への申立て ………………………………………

役　場

福祉事務所に
申請する

住民票の居住地と実際に住んでいるところが違う場合、
どこで生活保護を申請するのか

↓

実際の居住実態を優先する

↓

実際に住んでいるところの福祉事務所で申請する

12

福祉事務所に行く際に知っ
ておくべきこと

生半可な気持ちではいけない

仕事がないことをわかってもらう

いくら探しても自分のできる仕事がなく、生活費も底をついてきているのでやむを得ず福祉事務所に行ったとしても簡単には生活保護を受けることはできません。本当に仕事がないことを理解してもらい、生活保護を受けるのは至難の業です。

生活保護を受ける資格があるのかどうかを判断するのは福祉事務所ですから、仕事探しをしたにもかかわらず、仕事を見つけることができなかった状況を何としてもわかってもらわなければなりません。さらに、現時点では本当に困っているから生活保護を申請したいが将来的には仕事を探して自立してやっていくつもりであることを示せればなおよいでしょう。これは「就労自立」と呼ばれています。就労自立とは、収入が生活保護基準以上となったため、福祉事務所が生活保護を廃止することをいいます。「せっかくもらった生活保護を廃止した後にまた生活苦になってしまったらどうしたらよいのか」という危惧を抱く人はたくさんいると思いますが、この場合は生活保護を再申請することができます。福祉事務所の人も、「この人は本当に困ったときにだけ生活保護を必要とするのだな」と理解してくれますから、再申請の際にはこれがプラスとなります。

年齢と仕事は関係あるのか

一般的に、生活保護は働き盛りの年齢ではもらえないと思われているようです。たとえば、65歳以上の高齢者や、介護が必要なほど大きな障害を抱えているような人の場合は、働くことができないのも納得

してもらいやすいといえます。一方、生活保護の申請者がまだ若く、特に大きな障害を抱えているわけでもないのであれば、まずは本人の能力に応じた労働を行うことや、就職先を探す努力をすることが求められます。事実、15歳から64歳までを行政用語では「稼働年齢」と呼んでおり、この年齢に該当する人は働けるのが当たり前とされています。稼働年齢の人は生活保護を受けることが難しいというのは否定できない現実です。ただ、この働く能力を持つ人と持たない人をくっきりと線引きすることはそう簡単なことではありません。たとえば、まだ働くことができる年齢の人であったとしても、長年働いていない場合や、住所を持たないような状態であれば、仕事を見つけることも困難であるのが現状です。

　特に最近は若年の未就労者の生活保護申請をどう判断するかが問題となっています。能力的に働くことができないわけでもないのに、生活保護の受給を許してしまうことは、その人の自立を妨げてしまうことにもなりかねませんし、まず働き口を見つけるための努力といっても、どれほどのことまでを指すのかが具体的に示されているわけではありません。すべては個々の社会福祉事務所の判断に委ねられているのです。つまり、やむを得ない状況であれば、たとえ稼働年齢であっても生活保護が適用されることもありますのであきらめてはいけません。

仕事探しをしていることを証明する

　本当にあらゆる手を尽くして仕事を探したかどうかを見分ける判断基準は、実は存在しません。そこで何をどうやっても仕事を得ることができなかった、と言って職員に泣き落としをかけて生活保護を受けることも不可能ではありません。

　しかし、ここでお勧めしたいのは、職探しについて詳細に記録しておく方法です。ハローワーク（公共職業安定所）に何回足を運んだかなどのデータを年月日も含めてきちんと記録したノートを職員に見せ

れば、「仕事が見つからない」ことの立派な証明となります。さらにハローワークで作成した求人カードも確実な証拠ですから大事に保存しておくようにします。

　実際に仕事の面接を受けた場合には、その会社名、住所、面接日、面接の簡単な内容、面接の結果、備考などをわかりやすく一覧表にしておくとさらに説得力が出ます。備考欄には、「ハローワークでは保険完備となっていたが面接の時点で違う条件を示された」など、どうして面接に通らなかったか、あるいはその職場を選ばなかったのかについての説明を入れておきましょう。

▍仕事に就いている人もあきらめない

　仕事をしていても生活保護を受けることはできます。朝から晩まで働いても生活をしていくための十分な収入を稼ぐことができない場合には生活保護を受けることができます。「仕事をしていると生活保護は無理」だと勘違いしている人も多いので注意が必要です。日本の雇用形態は近年大きく変化しており、正社員の比率は契約社員や派遣社員、アルバイトなどと比べるとかなり下がってきています。このような状況ではアパート代も満足に払えない仕事で我慢するしかない人も多いため、仕事に就いていても生活保護を受けることができるような配慮がなされています。

■ 仕事を探していることの証明 ……………………………………

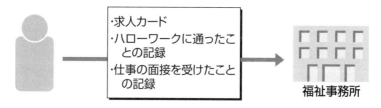

・求人カード
・ハローワークに通ったことの記録
・仕事の面接を受けたことの記録

福祉事務所

13

障害のある人が生活保護を受けるにはどうする

支援制度で足りなければ生活保護の申請をする

身体障害、知的障害、精神障害で認定方法が違う

　生活保護制度は、自分の財産や親族の援助、他の法律による支援をすべて利用しても、なお生活に困窮している場合に、足りない部分を補う制度です。したがって何らかの障害がある場合、生活保護を受ける前に、障害者の認定を受け、障害年金を利用することを考えます。障害者認定を受けるときには、身体障害、知的障害、精神障害で方法がそれぞれ異なります。身体障害と知的障害は、福祉事務所の担当窓口を通して、身体障害者手帳や療育手帳（都道府県によっては「愛の手帳」や「緑の手帳」など別の名前で呼ばれている場合もある）の交付を申請します。精神障害は、保健所（自治体によっては市区町村の窓口）で、精神障害者保健福祉手帳の交付を申請します。

障害者加算とは

　生活保護の基準額を計算するにあたり、出費の増加が見込まれる特別な状況にある場合には、基準額を加算する制度があります。

　加算制度には妊産婦加算、障害者加算、介護施設入所者加算、在宅患者加算などがあります。このうちの障害者加算は、障害の程度別に加算額が定められており、在宅か入院・入所をしているかによっても加算額が異なります。

収入のある場合はどうなる

　実際に支給される生活保護費の額は、世帯の状況に応じて算出した基準生活費から、収入分を差し引いた金額になります。収入がある場

合には、すべて申告をしなければなりません。ただ、申告した収入すべてが差し引かれるわけではなく、就労によって得た賃金のうち、一部は控除されて手元に残ります。慶弔金などの臨時収入は、収入認定されず全額手元に残ります。年金や障害者手当、親族などからの仕送りは通常全額収入とされますが、一部収入とされない手当もあります。

医療費制度との関係はどうなる

　生活保護を受けている場合、医療費の自己負担分は医療扶助で原則として全額まかなわれます（収入がある場合、一部自己負担となることもあります）。生活保護の他に利用できる他の医療費助成制度があれば、まずはそちらを利用することとされていますが、各種の医療費助成制度（国民健康保険など）では、生活保護の受給者を助成の対象外としていることもあります。そのため、その他の医療費の助成を受けている人が生活保護を受給することになった場合、市区町村役場の医療・保健福祉担当課に届け出ることが必要です。

相談や申請手続きではどんなことを知っておくべきか

　福祉事務所の相談窓口へ相談に行く際には、自分が困っている状況を示すためのメモや書類をできる限り用意して行きましょう。具体的には障害認定の書類や、年金・手当に関する書類、医療費の受給者証などです。一人で相談するのが不安な時は、信頼できる第三者に同行してもらいましょう。相談時同席を断られることも多いかと思いますが、慌てずに同席してもらいたいという意思を伝えるようにするとよいでしょう。親元にいた障害者が生活保護を受けて一人暮らしを始めようとする場合などには、親を相談窓口へ連れてくるように言われることがあります。相談を受ける担当者としては、親族から今までの状況や今後の援助の意思などについて聞いておきたい、という考えがあると思われますが、親を連れてくる必要性に疑問を感じる場合には、

担当者にはっきりと理由の説明を求めるとよいでしょう。

障害福祉サービス、介護保険と生活保護の関係は

　障害者の支援を目的とした福祉サービスに、障害者総合支援法による障害福祉サービスがあります。居宅での介護、同行援護、ショートステイ、グループホームでの共同生活援助といった障害福祉サービスがあり、利用者は、これらのサービスの中から必要なものを組み合わせて利用することになります。

　障害福祉サービスを利用した場合、費用の一部を利用者が負担することになります。利用者の自己負担額は最大でも利用料の1割ですが、世帯収入などによる軽減措置が定められており、生活保護世帯では自己負担は不要です。

　また、加齢に伴って誰かの手助けが必要になった時に利用できる制度に介護保険があります。生活保護の受給者が介護保険の被保険者（65歳以上の第1号被保険者）であった場合、介護保険の給付対象となるサービスについては、介護保険を生活保護の介護扶助よりも優先して適用することになっています。ただし、介護保険に加入できない場合（40〜64歳の第2号被保険者）には、介護扶助で支給されます。

■ 加算制度 ··

加　算	出費の増加が見込まれる特別な状況にある場合、加算が行われる
生活保護費	

※障害者加算の場合、障害の程度・在宅、入院、入所のいずれであるかにより加算額が異なる

14 病気やケガをした場合の生活保護について知っておこう

若くても生活保護申請はできる

病気をきっかけに生活保護の申請をすることもある

　生活保護の開始理由は、病気やケガが最も多くなっています。もともと働いていた人が病気やケガをすると、医療費がかかるだけでなく、最悪の場合、仕事を辞めることになり、収入がゼロになってしまいますから、生活に困窮することが容易に想像できます。生活保護は、生活に困窮する国民であれば誰でも申請ができるはずなのですが、実際に福祉事務所で相談すると、病気などをした場合でも「若いから働けるはず」「ハローワークに行ってください」などと言われ、申請させてもらえないことが多いようです。生活保護を申請することは、決してハードルの高くないことのはずなのですが、福祉事務所は不当に高いハードルを設けているのが現実です。まずは何とかしてこのハードルを乗り越え、申請を受理してもらわなければなりません。そのためには、現在の状況を説明するための資料を持参することが有効です。病気や検査結果に関する資料やメモ、医療費のわかる領収書や請求書、給与明細３か月分、家賃がわかる書類、預貯金通帳、公共料金の領収書などを持参して、それを見せながら生活に困っている状態を説明するようにしましょう。

　福祉事務所の担当者が、申請用紙をすんなり渡さない場合、便せんなどに申請の意思を書き、申請することも可能です。

入院費が支払えない場合には

　健康保険に加入していなかった人が、突然の病気やケガで入院が必要になった場合、入院費の支払いに困ることが想像されます。そのよ

うな場合、医療相談員やMSW（メディカル・ソーシャル・ワーカー）に相談します。ほとんどの病院には医療相談室があり、彼らはここに待機しています。医療相談室は、医療費などの対応をするためのものですから、遠慮なく相談をしましょう。

また、医療相談員やMSWを通すと意外にあっさりと福祉事務所の関門を通り抜けることができるようです。入院していなくて通院で治療を受けているような場合には事情が少し変わってきます。「仕事もなく、治療費を払うお金がないから生活保護を受けたい」と福祉事務所に相談すると、医師の診断書をもらってくるように指示されます。なお、この場合の診療費はもちろん自分で支払う必要はありません。

▌退院後も保護が必要かどうかは医師の診断で決まる

福祉事務所はその人に生活保護を受ける資格があるかどうかを判断するのに、医師の診断を重視します。つまり、医師が「この人はまだまだ働ける」という見立てをした場合には生活保護を受けることができなくなります。医師といえども人間なので、時には診断と現実にギャップが生じることもあります。できればあらかじめ医師に相談し、どうしても働けない理由と、働けるという診断をされると生活保護を受けられないことを説明しておく方がよいでしょう。退院の見通しが立ってきたら、福祉事務所の担当者に訪問してもらうとよいでしょう。退院後も保護が必要であるなら、主治医も交えた三者で、病状や退院後の通院期間や頻度の見通しを踏まえ、望ましい療養環境（住居のこと、仕事の可否やペースなど）について確認しておくと安心です。

退院後、療養のためにアパートを借りるか、その他の施設で生活するのかは、本人の希望や状況、主治医の意見なども踏まえて決定されるべきです。しかし、福祉事務所によっては、本人と十分な相談をせずに担当者が退院先を宿泊所などに決めてしまうこともあるようです。アパートを借りたいのであれば、退院後どうするかについて担当者に

聞かれるのを待っているのではなく、自ら担当者を呼び、主治医も交えてアパート入居の必要性を積極的に訴える必要があります。

▌医療費の自己負担をしなくてもよくなる

　生活保護を受けるようになると国民健康保険に加入できなくなりますが、生活保護法による医療扶助を受けられるようになります。この場合、国民健康保険証の代わりに福祉事務所に医療券を発行してもらうことで病院にかかることができるようになり、医療費の自己負担がなくなります。自己負担がなくなると聞くと得をしているように聞こえますが、実際には非常に不便な側面があります。まず、医療券は1つの医療機関につき1枚が発行され、月が変わるごとに新たな医療券を病院に持参する必要があります。継続して同じ病院に通院が必要な場合、医療券は福祉事務所から直接病院に送られますが、通院する病院が変われば、その病院に通うために新たに医療券を発行してもらう必要があります。

　また、医療券が使用できるのは生活保護の指定医に限られていますので、すべての医療機関で利用できるわけではありません。生活保護非指定が多い歯科などに通院したい場合は、多少の不便を感じるかもしれません。さらに家族がそれぞれ別の病院に通院する必要があれば、そのつど福祉事務所で医療券を発行してもらわなければなりません。そのことが心理的、物理的に負担になる場合がありますし、保険証の提出を求められた場合などはどうしても、周囲の視線が気になってしまうこともあるでしょう。このように医療扶助を受けられるようになっても、苦労することは多いのです。

▌うつ病の場合に生活保護を受給できるか

　生活保護は他に手立てがなく、生活が立ち行かなくなった人を最後に救済する措置なので、まずは他のすべての方法を検討するのが先に

なります。まず、本当にうつ病になり、働けない状態にある場合、雇用保険の基本手当（32ページ）の受給はできませんが、雇用保険の受給中にうつ病になってしまったのであれば、雇用保険の傷病手当を受給できる可能性があります。働けない状態が30日以上になる場合は、傷病手当を受給するか基本手当の受給期間の延長を申請するかの選択となります。

　また、在職中に発病して、病気が理由で連続して３日以上欠勤している場合は健康保険制度の傷病手当金の対象になります。申請は退職後でも受け付けられ、実際に支給されることになれば、最大で１年６か月間受給できます。退職後受給の場合は社会保険に１年以上加入していることといった要件はありますが、検討してみるとよいでしょう。うつ病などの場合は、自立支援医療（医療費の自己負担額の軽減を目的とする障害者総合支援法の医療費負担制度）や年金制度の障害年金を受けられる可能性もありますので通院している医療機関で相談してみるとよいでしょう。

　このような制度を利用できないときに初めて生活保護の申請を検討することになります。

■ MSWを通した申請

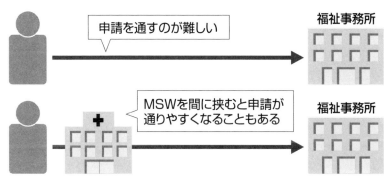

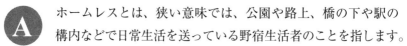

Q 公園や路上、橋の下や駅の構内などで野宿生活をしていても生活保護は受けられるのでしょうか。

A ホームレスとは、狭い意味では、公園や路上、橋の下や駅の構内などで日常生活を送っている野宿生活者のことを指します。

　生活保護は、生活に困窮したときにはすべての国民に申請をする権利がありますが、残念ながら、実際、福祉事務所へ相談にいくと「住所がなければ無理」などと言われ、申請書類すらもらえないケースがよくあります。しかし、申請拒否は本来違法です。「借金があるとダメ」「困窮したのは自分の責任だからダメ」というのも間違った認識です。ダメなのかどうかは、申請を受けてから丁寧に調査すべきであり、福祉事務所に申請を門前払いする権限はありません。不当に申請を拒否されてしまう場合には、相談の際に野宿生活者を支援するボランティア団体の人など、第三者に同席してもらうと効果的です。

●生活保護が受給できた場合に知っておくこと

　野宿生活者が入院する場合、生活保護で医療費などをまかなうことができます。退院後の生活については、本人と福祉事務所の担当者が主治医の意見も聞きながら相談して決めるべきですが、入院中から福祉事務所の担当者や主治医と相談しておくとよいでしょう。

　野宿生活者は生活保護を受けながら仕事を見つけるなどして生活を立て直し、アパートでの自立した生活に戻っていくのが望ましい形です。しかし、実際には、野宿生活者が保護を開始した時や退院した時に、半ば自動的に更生施設や宿泊所などへ入居させる例が多くなっています。更生施設や宿泊所は、アパートに入居できるような状況になるまで、ごく限られた期間利用すべき施設のはずです。ただ、福祉事務所の説明やサポート体制が不十分なために、入居が長期化してしまうケースが多々あります。保護を受けている側から、将来の見通しについて希望を伝えたり、質問をしたりする姿勢が大切です。

Q 日本国籍を持っていなくても生活保護を受給できるのでしょうか。

A 令和元年6月末の時点における在留外国人数は約282万人となっています（法務省「在留外国人統計」より）。そのため、生活保護を必要とする外国人も当然出てくるでしょう。ただ、外国人の生活保護については法律がなく、通知（昭和29年5月、厚生省社会局長通知「生活に困窮する外国人に対する生活保護の措置について」）に「生活保護法第1条により、外国人は法の適用対象とならないのであるが、当分の間、生活に困窮する外国人に対しては一般国民に対する生活保護の決定実施の取扱に準じて左の手続により必要と認める保護を行うこと」と定められているのみです。したがって、細かい規定は存在しないのですが、実態としては、在留資格が、「永住者」「日本人の配偶者等」「永住者の配偶者等」「定住者」「特別永住者」の人が生活保護を利用できます。また、入管法上の難民と認定された人も利用できます。在留資格が前述した以外の人や、在留資格のない人は利用できません。

外国人が生活保護申請をする場合、そこに居住しているかどうかに関係なく、在留カードや特別永住者証明書に記載された住居地ですること、とされています。しかし実際の居住地と登録地が異なる場合に、居住地の福祉事務所で申請することも可能です。「ここではできない」と言われても、申請拒否は本来違法なことですから、あきらめずに申請をしてみましょう。申請の際には外国人登録証が必要です。

以下では、どのような取扱いがなされるかを見ていきます。

① **日本人と結婚している外国人**

通常であれば結婚すれば在留資格を日本人の配偶者等に変更できますから、生活保護を利用することができます。ただ、オーバーステイの外国人が結婚した場合には、日本人の配偶者等の在留資格を得るた

めに在留特別許可という手続きが必要になり、資格取得にかなり年月がかかります。そのため、資格が得られるまでは、日本人である配偶者と子供だけが生活保護を利用できます。

② **日本人の夫と別居している外国人妻**

日本人の配偶者等の在留資格がある間は、生活保護を利用できます。在留期限が来たとき、夫の協力がないと資格を更新できないかもしれません。ただ、日本人である子供を養育していれば通常は定住者の在留資格に変更できますから、生活保護を利用することは可能です。

③ **配偶者が離婚・死別した場合**

在留期限までは生活保護を利用できます。在留期限が来る前に、生活保護の準用が認められる他の在留資格に変更できれば、期限後も生活保護利用が可能になります。日本人の子供を養育している場合、「定住者」の在留資格に変更することが可能です。

④ **結婚した相手も外国人の場合**

保護の対象となる在留資格があれば、生活保護を利用できます。

⑤ **特別永住者**

日本人と同等に生活保護を利用する権利を認められています。

⑥ **難民**

日本は難民の認定要件が大変厳しいのですが、難民と認定されていれば、生活保護は問題なく受給できます。

⑦ **準用保護の対象でない外国人**

生活保護は受給できないとされていますが、外国人の生活保護については、国の制度としてはっきり確立されていないだけに、各自治体の裁量によって決められる場合もあるので申請を希望してみるのがよいでしょう。

その他の申請についての注意点

不服審査請求という方法がある

申請後に調査が行われる

受理された申請書に基づいて、ケースワーカー（地区担当員とも呼ばれる）が、申請書の内容を調査し、情報を収集します。ここで集められた情報などを基礎に、福祉事務所長の決裁を得て、生活保護を開始するかどうかが決まります。

地区担当員は地区ごとに担当が決まっているので、住んでいる地区の地区担当員が必要に応じて、アドバイスや助言を与えてくれるようになります。

資力調査（ミーンズテスト）とは

提出された申請書類に基づいて、生活保護を適用するのが妥当かどうかを調査するのが資力調査（ミーンズテスト）です。地区担当員は、金融機関などへの資産調査、扶養義務者への調査、健康状態調査などを行います。

また、申請者の訪問調査も地区担当員が行います。記入した場所に住んでいるか、申請してきた人物がどんな人であるかを確認する作業です。

他に病気を理由に生活保護を申請した場合には、健康検診を受けるように言われることもあります。

なお、調査にはできるだけ協力するようにしましょう。調査に協力的でない場合は、それを理由に申請を却下される可能性もあります。円滑に生活保護を開始してもらうためにも、調査に対しては協力するのが賢明です。

緊急払いを求めることもある

生活が差し迫っているから生活保護の申請をするわけですので、当然、決定が出るまで14日も悠長に待っていられないというケースも発生します。そのために、「緊急払い」という制度を置いている福祉事務所があります。生活が逼迫して、どうしようもない状態のときには緊急払いを求めるのがよいでしょう。

なお、緊急払いで支払われたお金は、あくまで緊急のものなので、生活保護を受けた場合には、生活費から引かれることになります。

不服審査請求をする場合の手続き

受理された申請が通らなかったことについて納得できない場合、「不服審査請求」という方法があります。一般には、申請を却下した福祉事務所の上級庁である都道府県知事に対して、不服を申し立てる制度です。

不服申立ては、処分があったことを知った日の翌日から60日以内に行わなければなりません。

ただ、この請求書を書くには、生活保護法の知識が必要になります。そのため、生活保護に詳しい者の協力が不可欠になります。

また、不服申立てがあった場合、知事は50日以内に決裁をすることになっていますので、すぐに生活保護を望む場合でも時間がかかるものと覚悟しておかなければなりません。

なお、知事の裁決に不服のある人は、厚生労働大臣に再審査請求をすることができます。この場合は、裁決があったことを知った日の翌日から30日以内に請求しなければなりません。

再審査請求が行われた場合、70日以内に厚生労働大臣による再審査請求に対する裁決が行われます。

16 生活保護にはどんな種類があるのか

文化的な生活を営むことが保障されている

▌生活保護のイメージを変えよう

　生活保護世帯というとどうしてもマイナスのイメージが強くなりますが、明らかに誤解です。

　しかし、生活保護世帯は極貧で、特殊な人しか生活保護の対象にならないと思っている人もいます。たとえば、「母子家庭でないと保護を受けられない」「年金をもらっているから保護の対象とならない」とか、「65歳以上でないと保護を受けられない」といったような思い込みです。

　実際には保護を必要としているにもかかわらず、生活保護を受けていない世帯や、生活保護の制度の存在自体を知らない人が多いのも現実です。そのような世帯は、本来生活保護費を受給できるにもかかわらず、生活保護の対象となる最低生活費を下回る収入での生活を迫られていることになります。

　すべての国民は「健康で文化的な最低限度の生活を営む権利」をもっています。生活保護の制度はこの権利の保障を具体的に制度化したものです。そのため、ただ、命が保障されている程度の生活保障にとどまらず、あくまでも「文化的な」生活を送ることが保障されているのです。

▌生活保護の種類

　生活保護には8つの扶助があります。詳しくは、175ページ以降で見ていきますが、扶助の種類は、生活扶助、住宅扶助、教育扶助、介護扶助、医療扶助、出産扶助、生業扶助、葬祭扶助となっています。

それぞれの世帯の生活実態に応じて、国が定めた基準があり、その基準額の範囲内で扶助費（保護費）が支給されます。これらは居宅で、金銭給付で行うのが基本ですが、介護扶助および医療扶助は、指定医療機関、指定介護施設などに委託して行う現物給付を原則としています。また、居宅での金銭給付によってでは保護することが難しい場合には、保護施設への入所という方法がとられることもあります。

　この8つの扶助の中でも重要なのは、食べるもの・着るもの、電気・ガス・水道などの日常の暮らしを支えるための生活扶助です。詳しくは175ページで見ていきますが、この、生活扶助が生活保護費の基本となります。

▌地域によって最低生活費が異なる

　前述したように、最低生活費は地域によって異なります。たとえば、東京都内では、物価も高く、その分生活費もかかりますが、地方では、家賃が安かったりと、都内ほど生活費がかからないものです。

　このような地域の違いを考慮しないで最低生活費を定めると実態にそぐわないものになりかねません。

■ 生活保護の種類 ………………………………………………

生活扶助	食べ物、衣類、光熱費など日常の暮らしの費用
住宅扶助	家賃、地代などにかかる費用
教育扶助	義務教育（給食費、学級費、教材費などを含む）に必要な費用
介護扶助	介護に必要な費用
医療扶助	医療にかかる費用（メガネ、コルセットなどを含む）
出産扶助	出産に必要な費用
生業扶助	自立に必要な技能を習得するための費用
葬祭扶助	葬祭にかかる費用

そこで、最低生活費の基準は物価や消費水準の違いによって、いくつかの段階に分けられており、その段階ごとに最低生活費が定められています。

　この段階のことを級地といいます。級地は所在地により1級地-1、1級地-2、2級地-1、2級地-2、3級地-1、3級地-2の6区分に分けられています。級地により生活扶助基準額が異なります。

　級地の目安として、1級地-1は、東京23区、大阪市、名古屋市などの大都市になります。

　下図に地域の級地区分の代表例をあげましたが、詳しく知りたい場合は、各都道府県または各市区町村の生活保護担当課に確認してみてください。

　なお、本書は、175ページ以降に各扶助の基準額などを掲載していますが、掲載している基準額は1級地-1の級地区分における令和元年度（第75次改定生活保護基準額表）の基準額です。ただし同じ1級地-1に分類されていても、たとえば住宅扶助の金額など、地域によって金額が異なることはあるようです。

■ おもな地域の級地区分 ………………………………………………………

1級地-1	東京都……区の存する地域、八王子市、立川市、町田市他 神奈川県…横浜市、川崎市、鎌倉市、藤沢市他 愛知県……名古屋市　　京都府……京都市 大阪府……大阪市、堺市他　兵庫県……神戸市、尼崎市他 埼玉県……川口市、さいたま市
1級地-2	宮城県……仙台市　　　　　　北海道……札幌市、江別市 福岡県……北九州市、福岡市　広島県……広島市他
2級地-1	青森県……青森市　新潟県……新潟市　熊本県……熊本市
2級地-2	茨城県……日立市、土浦市他　愛知県……東海市、豊川市他 福岡県……大牟田市、太宰府市他
3級地-1	岩手県……宮古市、花巻市他　山口県……萩市、光市他
3級地-2	上記以外の市町村

※級地区分については、平成30年4月1日現在のものを掲載

扶助の全体像

171ページで生活保護の8つの種類について確認しましたが、ここでは、8つの扶助について、全体像を見ていくことにしましょう。

なお、8つの扶助のうち、出産扶助、生業扶助、葬祭扶助の3つの扶助項目については、該当する事由が発生したときに限り、臨時的に適用されるものです。このため、通常の最低生活費は、生活扶助、住宅扶助、教育扶助、介護扶助、医療扶助の合計によって構成されることになります。

■ 扶助の全体像 ･･

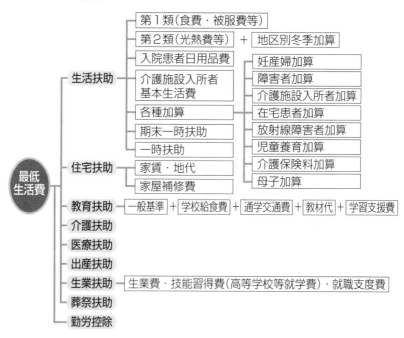

※厚生労働省社会・援護局保護課「生活保護制度の概要等について」(平成31年3月18日)を基に作成

17 生活扶助について知っておこう

基準額を算出して加算額などを加える

生活扶助の額はどのように決まるのか

　生活扶助は一般的な生活費として認められるものです。生活扶助の中心的なものは食費や被服費などの第１類と世帯の光熱費などの第２類です。第１類は世帯員全員について年齢に該当する基準額を合算し、扶助費として認定します。これに対して、第２類は該当する世帯人員の金額が扶助費として認定されます。

　生活扶助基準については、一般低所得世帯との均衡を図るため、平成30年10月から３年をかけて段階的に見直しがされることになりました。この見直しによる支給額の急激な減少を緩和するために、基準額①（旧基準）、基準額②（現行基準）、基準額③（新基準）に分けて計算を行います。

　具体的な計算は下記のとおりです。

元年度基準額＝基準額Ａ×1/3＋{基準額Ｂ＋経過的加算}×2/3

※基準額Ａ＝第１類基準額②×逓減率②＋第２類基準額②

　もしくは、{第１類基準額①×逓減率①＋第２類基準額①}×0.9のいずれか高い方

※基準額Ｂ＝第１類基準額③×逓減率③＋第２類基準額③

　もしくは、{第１類基準額①×逓減率①＋第２類基準額①}×0.855のいずれか高い方

　１級地−１の地域で、自宅（居宅）で生活する場合の基準額①・基準額②・基準額③の金額は、次ページ図のとおりです。第１類費を調整する「逓減率」は世帯人数によって異なるのですが、１人であれば1.0です。また、単身世帯で70〜74歳の場合、経過的加算は０円です。

たとえば、70歳以上で1人暮らしであれば、以下のように7万4710円が原則の生活扶助費となります。

基準額A = 3万4310円×1.0 + 4万1380円 = 7万5690円

基準額B = 4万5330円×1.0 + 2万8890円 = 7万4220円

7万5690円×1/3 + 7万4220円×2/3 = 7万4710円

■ 生活扶助の居宅基準額（1級地−1の場合）⋯⋯⋯⋯⋯⋯⋯⋯⋯

居宅：第1類			
年齢別	基準額①	基準額②	基準額③
0〜2歳	21,820	27,040	44,630
3〜5	27,490	30,390	44,630
6〜11	35,550	34,880	45,640
12〜17	43,910	39,720	47,750
18〜19	43,910	39,720	47,420
20〜40	42,020	38,970	47,420
41〜59	39,840	39,920	47,420
60〜64	37,670	39,540	47,420
65〜69	37,670	39,540	45,330
70〜74	33,750	34,310	45,330
75〜	33,750	34,310	40,920

居宅：第2類			
人員	基準額①	基準額②	基準額③	冬季加算Ⅵ区)
1人	45,320	41,380	28,890	2,630
2人	50,160	50,890	42,420	3,730
3人	55,610	60,000	47,060	4,240
4人	57,560	62,490	49,080	4,580
5人	58,010	66,610	49,110	4,710
6人	58,480	70,340	56,220	5,010
7人	58,940	73,240	59,190	5,220
8人	59,390	76,140	61,900	5,380
9人	59,850	79,040	64,380	5,560
10人以上	（一人増すごとに加算する額）			
	460	2,900	2,940	180

なお、第2類には冬季加算（冬季の間の燃料費代などを支給するもの）があるため、もし、支給時期が冬季（11月〜3月）であれば、地区ごとに定められている冬季加算額を考慮して計算することになります。

入院患者や施設入所者の場合

　救護施設や更生施設で生活する者の場合、前述した居宅の場合とは異なる基準が設定されています（1級地の場合、救護施設：月額6万4140円、更生施設：月額6万7950円）。また、入院患者や介護施設入所者に対しては、別途支給される費用があります。入院患者日用品費とは、病院などに入院している受給者に支給される、身の回り品等の日常生活費についての費用です（月額2万3110円、冬季加算1,000円）。

　介護施設入所者基本生活費とは、介護施設に入所している者に対し、利用者が施設に支払う身の回り品等の代金について支給される費用です（月額9,880円以内、冬季加算1,000円とされています）。

■ 生活扶助本体に係る経過的加算

生活扶助本体に係る経過的加算					
年齢別	単身世帯	2人世帯	3人世帯	4人世帯	5人世帯
0〜2歳	0	0	0	4530	4290
3〜5	0	0	0	2370	2200
6〜11	0	0	0	0	0
12〜17	410	0	0	0	0
18〜19	740	0	0	0	0
20〜40	110	0	0	0	0
41〜59	930	0	1070	0	0
60〜64	570	0	940	770	570
65〜69	2660	0	2280	770	570
70〜74	0	0	0	150	110
75〜	2090	0	1270	150	110

その他の加算

生活保護基準額表の第1類・第2類表から算出した額に、妊婦、産婦、母子、障害、児童養育といった加算が加えられます（下図参照）。

一時扶助と期末一時扶助

生活扶助には一時扶助と期末一時扶助という制度があります。入学や入院など一時的にまとまった出費が必要になるときに支給されるのが一時扶助です。一時扶助には、現物給付のものもあります。

また、期末一時扶助とは、年末年始にかけて保護を受ける者について、居宅保護・入所保護のため12月に支給される一時金扶助です。期末一

■ その他の加算 ………………………………………………………

各種加算				
妊　　婦	妊娠6か月未満　　9,130円		妊娠6か月以上　　13,790円	
産　　婦	母乳のみの場合　　産後6か月間	8,480円		
	その他の場合　　　産後3か月間			
障　　害	障1・2級 国1級　※	障3級 国2級　※	重度障害者	特別介護料
	居宅 26,810円	居宅 17,870円	14,790円	世帯員 12,410円
	入院入所 22,310円	入院入所 14,870円		介護人 　70,300円以内 特別基準 　105,460円以内
在宅患者	13,270円			
放射線	治療中　　43,630円		治癒　　21,820円	
児童養育	3歳未満、3～12歳年度末までの第3子以降		11,820円	
	3～12歳年度末までの第1子・第2子、中学・高校生		10,190円	
母　　子	児童1人	児童が2人の場合に 加える額	児童が3人以上1人を 増すごとに加える額	
	居宅　　　20,300円 入院・入所 19,350円	居宅　　　　3,900円 入院・入所 1,560円	居宅　　　　2,300円 入院・入所　　770円	
介護施設	9,880円以内			

※表中「障」とは身体障害者障害程度等級表のこと。「国」とは国民年金法施行令（昭和34年政令第184号）別表のこと

時扶助は、世帯人員数別に基準を設定して支給されます。具体的には、令和元年10月の期末一時扶助支給額は、1級地-1で単身世帯の場合1万4160円、2人世帯の支給額は2万3080円などと定められています。

就労活動促進費の支給

　自立のために積極的に就職活動を行っている受給者に対して就労活動促進費（月額5,000円）が支給されています。受給するためには自立活動確認書の作成と福祉事務所への提出が必要です。就労活動促進費の支給期間は、原則として6か月以内です。

■ 支給額（一時扶助）

配電・水道・井戸・下水道設備費		（基準額）　122,000円以内　（1.5倍額）183,000円以内
住宅維持費（年額）		（一般基準）122,000円以内　（特別基準）183,000円以内
家具什器費 （暖房器具以外）		29,600円以内
		（特別基準）　47,100円以内
被　服　費	布団類	再生一組につき 13,400円以内
		新規一組につき 19,500円以内
	平常着	14,000円以内
	新生児衣料	52,100円以内
	入院時寝巻	4,400円以内
	紙おむつ等	月額 20,800円以内
	災害時 被服費	2人まで 19,900円以内（夏季）　35,800円以内（冬季）
		4人まで 37,900円以内（夏季）　60,600円以内（冬季）
		5人まで 48,800円以内（夏季）　77,000円以内（冬季）
		6人以上1人の増加ごとに夏季7,100円以内、冬季10,600円以内で加算
入学準備金 （年額）	小学校	64,300円以内
	中学校	81,000円以内
就労活動促進費		月額　5,000円

※家具什器費とは、炊事用具・食器など（新たに自活する場合などで持ちあわせがないとき）
※一時扶助の項目は、本来保護費の中でまかなうべきものとされている
※「災害時被服費」中、夏季とは4月～9月、冬季とは10月～3月のこと

18 その他の扶助について知っ ておこう

医療費は全額公費負担となる

住宅扶助・教育扶助の額

住宅扶助は家賃、地代などに必要な費用の扶助です。原則として金銭による給付ですが、必要がある場合には、現物給付によることもあります。

扶助してもらえる金額は、地域別に上限が決められています。

また、都道府県単位で補助金額を一定額上乗せする「特別基準額」というものもあります。家賃が特別基準額を大きく超えてしまう場合、転居の指導が行われることになります。

教育扶助とは、義務教育（小学校、中学校）に必要な費用（給食代、学級費を含む）の扶助です。なお、子どもの小学校または中学校の入学時に入学準備のため費用が必要な場合、入学準備金が支給されます。

医療費はかからない

生活保護世帯に該当することになった場合、それ以後、医療機関の窓口で支払う医療費はすべて医療扶助から支払われることになります。

このため、自己負担なしで必要な治療を受けることができます。

国民健康保険に加入している者については、保険制度から脱退し、保険証を返還することになります。その代わりに「医療券」を交付してもらい、それを使って治療などを受けることになります。

かなり面倒なことですが、医療券は、原則として医療機関にかかるたびにあらかじめ役所に行って交付を受ける必要があります。医療券は指定を受けた医療機関でしか使用できません。ただ、緊急の場合に限っては、医療券なしで医療機関に行くことができることもあります。

なお、医療扶助には、一般的な診療扶助の他にも、薬、治療のために必要な材料（眼鏡や杖、コルセットなどの機具）、その他、鍼や灸、マッサージなどの施術も扶助が認められる場合があります。

　また、1か月以上の長期にわたって病院などに入院する場合、入院患者日用品費が支給されます。

他の法律や制度を利用した上で自己負担がある場合に限る

　生活保護法では、生活保護の医療扶助ではなく他の法律や制度によって医療費が給付されるものがあれば、まずはそちらを優先させます。

　たとえば、健康保険法、老人保健法、精神保健福祉法などによって医療費の支給を受けることもできます。これらの法律や制度によって医療費がまかなえる範囲に対しては、生活保護の医療扶助は行われません。

医療扶助の適正化

　生活保護費において、大きな割合を占めているのが医療扶助です。生活保護を受ける人の多くが高齢者や、病気が原因で就労できなくなっている人であることなどがその要因となっています。また、一部の医療機関において不正請求などの問題が生じていることから、生活保護法では医療扶助の適正化を図るための規定が設けられています。

　具体的には、①指定医療機関の指定要件および指定取消要件の明確化、②指定医療機関の指定有効期間（6年間、更新制）の設定、指定医療機関への指導などが規定されています。

後発医薬品の使用の促進

　最近、医療機関を受診して薬局に処方箋を持って行くと、「後発医薬品（ジェネリック医薬品）の使用が可能です」といった案内を受けることがあります。後発医薬品とは特許期間が終了した有効成分や製

法を使って製造・販売される医薬品です。新薬と効果は同等でも価格が安く設定されるため、医療費の軽減に効果があるということで、国でも積極的に広報活動を行うなど、使用促進を図っています。

しかし、生活保護の医療扶助においては、使用割合が低いという状況があったため、生活保護法では「可能な限り後発医薬品の使用を促すことにより医療の給付を行うよう努めるものとする」(34条3項)と規定し、後発医薬品の使用促進を図っています。

介護扶助とはどんな扶助なのか

生活保護の受給者であり、介護保険による市区町村の認定を受けて、一定の介護サービスを利用している場合は、介護扶助が認定されることになります。つまり、自己負担の1割が介護扶助として生活保護から負担されます。介護扶助の対象者は、以下の者です。

① 65歳以上の生活保護受給者(第1号被保険者)

② 40歳以上65歳未満の医療保険に加入している生活保護受給者(第2号被保険者)

③ 40歳以上65歳未満の医療保険に未加入の生活保護受給者

介護扶助の範囲は、介護保険とほぼ同じで、居宅介護、福祉用具、住宅改修、施設介護などがあります。生活保護からの給付負担は、①、②が1割、③が10割となっています。介護扶助は介護サービスなどの現物給付が原則となっていますが、必要な場合には、金銭による給付がなされることもあります。

臨時的な扶助の支給

175ページから見てきた生活扶助、住宅扶助、教育扶助、医療扶助、介護扶助の他に、生活保護の内容として出産扶助、生業扶助、葬祭扶助という臨時的扶助が行われることがあります。これらの扶助については、支給事由が発生したときに限って支給されることになります。

① 出産扶助

　出産扶助は、困窮のため最低限度の生活を維持することのできない者ついて、分べんの介助 、分べん前および分べん後の処置、脱脂綿、ガーゼその他の衛生材料について行われる援助です。

② 生業扶助

　生業扶助は、困窮のため最低限度の生活を維持することのできない者やそのおそれのある者に対して、生業に必要な資金、生業に必要な技能の修得、就労のために必要なものについて行われる援助です。

　生業扶助は大きく分けると生業費、技能修得費、就職支度費に分けることができます。

■ 支給額（住宅扶助・教育扶助）

		住宅扶助（1級地－1：東京都）
一般基準		13,000円以内
都内基準額（単身世帯）※1		53,700円以内
都内基準額（複数世帯）	2人	64,000円以内
	3～5人	69,800円以内
	6人	75,000円以内
	7人以上	83,800円以内

※1　床面積に応じて支給額が変わる

教育扶助（1級地－1）		
基準額	小学校	2,600円
	中学校	5,100円
特別基準（学級費等）	小学校	850円以内
	中学校	770円以内
他に教材代、学校給食費、通学交通費など実費支給		
災害時等の学用品費の再支給	小学校	11,600円以内
	中学校	22,700円以内
学習支援費	小学校	16,000円以内
	中学校	59,800円以内

・**生業費**

　生計の維持を目的とする小規模の事業を営むための資金や生業を行うための器具、資料代の経費の補てんとして支給されるのが生業費です。

・**技能習得費**

　技能習得費は、生業につくために必要な技能を修得するための授業料・教材費などの費用を補てんします。また、高校生には、高等学校教育にかかる必要な学用品費や教材費、交通費などが高等学校等就学費用として支給されます。

・**就職支度費**

　就職支度費とは、就職する者に対して支給される就職のために直接必要となる洋服代や履物などの購入経費のことです。

③　**葬祭扶助**

　葬祭扶助は、葬祭に伴い必要となる検案、死体の運搬、火葬・埋葬、納骨などの経費を補てんするものとして支給されます。

　葬祭扶助は葬儀を行う遺族などに支給されるため、その葬儀を行う遺族が生活保護を受けられるかどうかが判断されることになります。

■ 医療扶助のしくみ ……………………………………………………

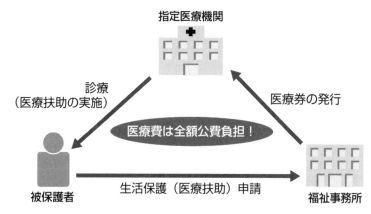

指定医療機関

診療
（医療扶助の実施）

医療券の発行

医療費は全額公費負担！

被保護者

生活保護（医療扶助）申請

福祉事務所

■ 出産扶助・生業扶助・葬祭扶助のしくみ ······················

	一般基準		施設分べん （加算額）	衛生材料費 （加算額）
	施設分べん	居宅分べん		
出産扶助	295,000円以内	259,000円以内	8日以内の入院料 （医療扶助）の実費	6,000円以内
	特別 基準	出産予定日の急変等	305,000円以内	
		産科医療補償制度による保険料（掛金）	30,000円以内	

	生業費	技能修得費	就職支度費
生業扶助	47,000円以内 （特別基準） 78,000円以内	81,000円以内 （特別基準） 135,000円以内 （自立支援プログラム） 年額216,000円以内	32,000円以内

（高等学校等就学費）

	費目	給付対象	基準額
生業扶助	基本額	学用品費、通学用品等	5,300円
	学級費等	学級費、生徒会費	1,780円以内
	通学のための交通費	通勤定期代等	必要最小限度の額
	授業料	支援金・無償対象以外	都立高校の授業料、 入学料の額以内
	入学料	入学金	
	受験料	入学考査料（原則2回まで）	1校につき30,000円以内
	入学準備金	学生服、カバン、靴等	87,900円以内
	教材代	教科書、ワークブック、 和洋辞典、副読本的図書	実費支給
	学習支援費（月額）	84,600円以内（年間上限額）	
	災害等の学用品費の再支給	26,500円以内	
	災害等の教科書等の再支給	26,500円に加えて、教材費として支給対象 となる範囲内で必要な実費	

	区分	大人	小人
葬祭扶助	一般基準	209,000円以内	167,200円以内

- 法第18条第2項第1号に該当する死者に対し葬祭を行う場合、1,000円を加算する
- 火葬料が大人600円、小人500円を超える場合は、その超えた金額を基準額に加算する
- 自動車料金その他死体の運搬料が15,580円を超える場合は、7,480円を限度として、その超えた金額を基準額に加算する
- 死亡診断書または死体検案に要する費用が5,350円を超える場合は、その超えた実費を基準額に加算する
- 火葬または埋葬を行うまでの間、死体保存のため特別な費用を必要とする場合は、実費を基準額に加算する

19 勤労控除について知っておこう

就労によって得られた収入の一部を手元に残すことが目的

勤労控除とは

　生活保護を受給している人が就労によって収入を得ると、保護費が減額されます。ただ、就労によって得た収入の額が全額減額されるかというと、そうではありません。「勤労控除」という制度があり、その分は収入額から控除されることになっています。勤労控除の目的は、勤労に伴う必要経費の補填と、勤労意欲の増進・自立の助長にあります。勤労をするには被服費や知識・教養の向上等のための経費が必要となることから、勤労収入のうち一定額を控除することとしています。

　また、就労によって得られた収入の一部を手元に残すことで保護受給者が「働き損」と感じることなく、早期に就労し、自立して保護を脱却できるように支援することも目的としています。

勤労控除の認定

　勤労収入についての収入認定は以下のように行われます。

収入認定額＝就労収入－（基礎控除＋各種控除＋必要経費等）

　勤労控除には「基礎控除」「新規就労控除」「未成年者控除」という3種類があります。

　「基礎控除」は、保護の要否と程度の決定の際、勤労に伴って必要となる経費（被服、身の回り品、教養の向上等にかかる費用、職場交際費など）を控除するものです。生活保護の程度を決定する際に用いる基礎控除については、全額控除の水準が1級地－1で1万5000円にとなっています。そのため、仮にアルバイトなどで収入を得たとしても1万5000円までであれば保護費が減額されることはありません。全

額控除分を超える収入については、収入の額に比例して控除額が増加します（上限あり）。

「新規就労控除」は新たに継続性のある職業に従事した者に対し、6か月間の控除を行うものです。令和元年の基準では新規就労控除の金額は1万1600円となっています。

「未成年者控除」は20歳未満の者が就労している場合（単身者や配偶者のみで独立した世帯を営む者等は除く）に控除を行うものです。令和元年の基準では未成年者控除の金額は1万1600円となっています。未成年者控除の適用を受けていた人が成年に達した場合、未成年者控除は受けられなくなるので、その翌月から認定の変更が行われます。

要否の判定と程度の決定

生活保護の判定は、①そもそも保護を必要とするかという点についての要否の判定と、②保護を必要とした上でどの程度の保護をするのかという程度の決定の2段階で行われます。どちらの判断も最低生活費と収入などの判断を行う点では共通しているのですが、収入の算定方法や基礎控除の判定方法に違いがあります。次ページに掲載する基礎控除額表は②の程度決定に用いる基礎控除額表です。

その他の必要経費

出かせぎ・寄宿などに必要となる生活費や住宅費の実費、就労に伴う子どもの託児費、被保護世帯の自立更生のためにあてられる額の償還金、地方税等、健康保険の任意継続保険料、国民年金の受給権を得るために必要な任意加入保険料については、必要最小限度の範囲で必要経費として認められます。

■ 勤労収入からの控除（程度決定に用いる基礎控除額）…………

収入金額	1～3級地		収入金額	1～3級地	
	1人目	2人目以降		1人目	2人目以降
円	円	円	円	円	円
~15,000	収入額と同額	収入額と同額	~126,999	26,000	22,100
~15,199	収入額と同額	15,000	~130,999	26,400	22,440
~18,999	15,200	15,000	~134,999	26,800	22,780
~22,999	15,600	15,000	~138,999	27,200	23,120
~26,999	16,000	15,000	~142,999	27,600	23,460
~30,999	16,400	15,000	~146,999	28,000	23,800
~34,999	16,800	15,000	~150,999	28,400	24,140
~38,999	17,200	15,000	~154,999	28,800	24,480
~42,999	17,600	15,000	~158,999	29,200	24,820
~46,999	18,000	15,300	~162,999	29,600	25,160
~50,999	18,400	15,640	~166,999	30,000	25,500
~54,999	18,800	15,980	~170,999	30,400	25,840
~58,999	19,200	16,320	~174,999	30,800	26,180
~62,999	19,600	16,660	~178,999	31,200	26,520
~66,999	20,000	17,000	~182,999	31,600	26,860
~70,999	20,400	17,340	~186,999	32,000	27,200
~74,999	20,800	17,680	~190,999	32,400	27,540
~78,999	21,200	18,020	~194,999	32,800	27,880
~82,999	21,600	18,360	~198,999	33,200	28,220
~86,999	22,000	18,700	~202,999	33,600	28,560
~90,999	22,400	19,040	~206,999	34,000	28,900
~94,999	22,800	19,380	~210,999	34,400	29,240
~98,999	23,200	19,720	~214,999	34,800	29,580
~102,999	23,600	20,060	~218,999	35,200	29,920
~106,999	24,000	20,400	~222,999	35,600	30,260
~110,999	24,400	20,740	~226,999	36,000	30,600
~114,999	24,800	21,080	~230,999	36,400	30,940
~118,999	25,200	21,420	231,000~	(※)	(※)
~122,999	25,600	21,760			

※収入金額が231,000円以上の場合は、収入金額が4,000円増加するごとに、1人目については400円、2人目以降については340円を控除額に加算する。

実際にはどの程度の生活保護費がもらえるのか

家族構成によって変わってくる

生活保護受給世帯に対する各種減免措置

生活保護受給世帯に対しては、税金や年金、水道光熱費といった費用について、軽減や免除、非課税扱いといった措置が図られます。都道府県や自治体によって異なる可能性があるため、生活保護の申請時に確認することが必要です。

具体的なケースで見る

生活保護による実際の保障例を見てみましょう。

国が定めた最低生活費（保護基準）と世帯の収入を比べて、収入の方が少ない場合に、その不足分が生活保護費として支給されます。

■ 生活保護受給者に対する税金・公共料金などの減免措置（東京都の場合）…

項　　目	内　　　　容
税金	個人の都民税、個人事業税、固定資産税・都市計画税の減免、軽自動車税の減免
年金	国民年金の保険料の納付が免除される
水道料金	水道料金・下水道料金の基本料金などが減免される
授業料	私立高等学校等の授業料負担の軽減
医療費	結核の医療費助成など
ごみの収集	指定収集袋の無料交付、ゴミの収集にかかる手数料の減免
鉄道の利用	都営交通の無料乗車券の発行
テレビ	放送受信料の減免

東京都の１級地－１に分類される地域に居住している３人家族（夫35歳、妻29歳、子４歳）で、夫が病気で働けず、妻が働いて月に10万円の収入を得ているケースについて考えてみましょう。

生活扶助については、175ページで述べたように、基準額A（基準②）と基準額B（基準③）に分けて生活扶助の居宅基準額を算定します。

このケースでは、生活保護基準により算出した居宅基準額（14万8020円）、住宅扶助（６万9800円）、４歳児についての児童養育手当（１万190円）を合算した22万8010円が最低生活費となります。

妻の収入については、188ページの基礎控除額表より、10万円から基礎控除額２万3600円を差し引いた７万6400円が収入充当分と扱われます。

そのため、22万8010円から７万6400円を差し引いた15万1610円が生活保護費として支給されることになります。

■ 具体的な計算例 ……………………………………………………

居宅基準	原 則 （基準②）＝(38,970＋38,970＋30,390) ×0.8350＋60,000≒150,460 （基準③）＝(47,420＋47,420＋44,630) ×0.7151＋47060≒146,800 基準②の３分の１＋基準③の３分の２≒ 148,020円	最低生活費 228,010円
児童養育手当	10,190円	
住宅扶助	家賃69,800円	

※居宅基準額に関しては、世帯の第１類及び第２類の合計額について、10円未満の端数を10円に切り上げ。
生活扶助費は、生活扶助基準の基準額②の3分の1＋基準額③の3分の2が原則となる。
基準額②を基に算出した額が基準額①を基に算出した額×0.9を下回る場合は、例外的に基準額①を基に算出した額となる。基準額③を基に算出した額が基準額①を基に算出した額×0.855を下回る場合も、基準額①を基に算出した額となる。生活扶助基準については175ページ参照。
上表中「0.8350」は基準額②を基にした計算式において使用する世帯人数が3人の場合の逓減率。
「0.7151」は基準額③を基にした計算式において使用する世帯人数が3人の場合の逓減率。
逓減率とは、多人数世帯に支給する第１類費が過大とならないために、各世帯の第１類合計額に対して乗する調整率のこと。

21 就労支援や健康・家計管理に対する支援について知っておこう

自立のための就労支援や健康・家計管理に対する支援が行われる

自立活動確認書による就労支援

　生活保護を受給している人の中には、働いて自立する能力があるにもかかわらず、就職先が見つからなかったり、就労の意欲を持てない人もいます。生活保護の目的に「自立支援」も含まれていることから、生活保護法では、就労・自立支援の制度について規定されています。その1つが「自立活動確認書」の作成です。

　自立活動確認書は、稼働能力があると判断した生活保護受給者全員を対象に、受給者本人の同意を得て作成するもので、求職活動の具体的な目標や求職活動の期間、求職活動の内容などを記載して福祉事務所と本人で共有します。本人は確認書の内容に沿って求職活動を行い、福祉事務所は必要に応じて支援を行います。

就労支援と健康・生活面での支援

　1995年以降、景気の低迷や高齢化率の上昇などによって、生活保護の受給世帯は右肩上がりに増加を続けました。また、一部の生活保護受給者について「昼間からパチンコをしている」「就労しているのに届け出ていない」「扶養できる親族がいるのに隠している」などいわゆる不正受給が社会問題として注目されるようになりました。

　そこで生活保護法では、これらの問題に対応するため、①就労による自立の促進、②健康・生活面等に着目した支援、③不正・不適正受給対策の強化（147ページ）、④医療扶助の適正化（181ページ）について規定を設けています。③と④についてはすでに述べましたので、以下、①と②について見ていきましょう。

就労自立給付金の支給

　昨今、「派遣切り」「ワーキングプア」といった言葉に象徴されるように、若年層の貧困が社会問題化しています。このような状況から、若年層の生活保護受給が増加傾向にあります。

　そこで、生活保護法では「就労自立給付金」の制度が設けられています。この制度は、保護受給中に就労によって収入を得ると一定額を仮想的に積み立て、安定就労によって保護脱却する際に積み立てた分を一括して支給するというものです。これにより、保護脱却直後にかかる税や社会保険料の負担が軽減され、再度保護に陥ることを防止しています。

健康・家計管理に対しての支援

　生活保護の制度は、要保護者に対し必要な保護を行うことで健康で文化的な最低限度の生活を保障するとともに、その自立を助長することを目的としています。そこで、生活保護法では要保護者の「自立の助長」を促進するため、次のような規定を設けています。

① 　受給者の健康管理を支援

　福祉事務所に専門の職員を配置するなどによって体制を強化し、保健指導や受診の相談などが可能となっています。また、福祉事務所は受給者の健康診査結果等を入手することもできます。

② 　受給者の家計管理を支援

　福祉事務所が必要と判断した受給者に対しては、レシートや領収書の保存、家計簿の作成を求めることも可能とされています。

Q 生活保護を受けるとどんな施設が利用できるのでしょうか。

A 　生活保護法では、居宅による保護を原則としていますが、利用者の障害や生活状況によっては、施設での保護を必要とする場合もあります。そのため、居宅では保護の目的を達することができないような場合には、利用者は保護施設に入所してもらうことになります。施設への入所は強制されるものではなく、利用者本人の意思が優先されなければなりません。保護や教育を行う施設には以下のようなものがあります。

① 　救護施設：心身に障害があり居宅での日常生活が困難な人のための施設です。要保護者には施設の中で生活してもらい、さまざまな扶助を行っています。

② 　更生施設：心身に障害があり、保護の必要な人が利用する施設です。救護施設との違いは、ある程度社会復帰の見込みがある人が入所対象であり、生活指導などが行われていることです。

③ 　医療保護施設：生活保護の利用者に医療の給付を行います。病院と同じ役割をする施設です。

④ 　授産施設：心身上または世帯の事情などの理由で働く能力が十分ではない人に対し、就労や技能の習得の機会を与え、自立してもらうことを目的とする施設です。

⑤ 　宿所提供施設：住居のない人に対して、住宅を支給するための施設です。

　なお、この他にも、養護老人ホームやその他の社会福祉施設などの施設が利用できます。また特に住む場所がない人に対しては、私人が経営する施設が使われる場合もあります。詳しい施設の利用については、地域によって違うので、管轄の福祉事務所に問い合わせてみるとよいでしょう。

22

受給後の生活が心配になったらどうする

生活保護を受けることは恥ずかしいことではない

保護費はいつ、どのように渡されるのか

　生活保護の受給が認められる人には、生活保護受給決定の通知が届きます。そして、申請時以降の保護費を受給できます。

　2回目以降は、決められた日に、決められた方法（窓口支給、銀行振込など）によって支給される事になります。本人が福祉事務所の窓口に来ることが困難な場合もあるため、福祉事務所によって、窓口で支給する場合、振込で対応する場合、どちらかを選択できる場合など、対応を決めているようです。最近では、銀行振込に対応している福祉事務所も多いようですが、銀行口座が持てない場合は、窓口で受け取ることになります。

保護費の使い道は自由

　生活状況に関して問題がある場合は指導の対象となりますが、保護費の収支をいちいち確認するわけではありません。保護費の使い道は受給者が自分で決める権利があり、現金で支給しているのもそのためです。ただし、すぐに費消してしまうなど、明らかに不審な点があれば指導を受けることはあります。

　また、保有が認められた生命保険から保険金が下りた場合など、保護費以外に収入があったときには、それが臨時収入であっても、必ずその都度、報告する義務があります。報告に漏れがあって不正受給と受け取られ、厳しい処分を受けないようにするためにも正しく申告するように心がけましょう。

　あくまでも最低限度の生活費として生活保護費を受け取っているの

ですから、自覚をもって使うべきでしょう。

保障されることは何か

　生活保護は、生活に困っている人に対して、国で定めた基準までの生活を無差別平等に保障しようとする制度です。このため、以下の①から④のような点を権利として保障しています。生活保護を受けることは決して恥ずかしいことではありません。自分や家族がいくら協力して努力してもどうしようもない場合は、ためらわずに福祉事務所に相談すればよいのです。ケースワーカーは、生活の上で抱えるいろいろな悩みの相談に乗ってもらえます。ケースワーカーとの面談は、原則としては、福祉事務所の窓口に本人が出向くことになっていますが、病気などで体調が思わしくない場合や、身体に障害があり外出が困難な場合には、事前の電話連絡により自宅に訪問してもらうことも可能です。

① 生活保護を受けることによって、差別を受けることはない

② 正当な理由がなく、保護金品を減停止されることはない

③ 保護金品に税金をかけられることはない

④ 支給された保護金品や、これから受ける権利を差し押さえられることはない

　また、生活保護はすべての国民に保障されている権利であるため、以下のことを守ることが保護受給要件となります。

① 常に能力に応じて勤労に励み、家計の節約を図り、生活の向上に努めること

② 収入や支出など生計の状況が変わったとき、または住所や家族の構成、状態が変わったときは、早いうちに必ず職員に届け出ること

③ 保護を受けている権利を他人に譲り渡さないこと

④ その他、職員のアドバイスを参考にして生活の維持向上に努めること

23

生活保護の開始後にはどん
な問題点があるのか

知らないと思わぬ落とし穴が待ち受けている

■ 辞退届を書かされることもある

「辞退届」とは「生活保護を辞退する」という意思表明をする届け
出のことです。就職をして十分に暮らしていける状態などになり生活
保護の必要がなくなった場合に提出します。

この辞退届を本人が自分の意志で提出するのであれば、問題はない
のですが、福祉事務所が勧めるケースがあります。福祉事務所として
は、生活能力のある人にいつまでも生活費を支給するわけにはいきま
せん。しかし、福祉事務所の権限（職権）で生活保護を打ち切るほど、
明確に生活保護を受ける資格がなくなったとは言い切れない場合「本
人の意思で辞める」という形をとることがあります。たとえば、いつ
まで経っても仕事がなかなか見つからないときなどです。ただ、きち
んと職探しをしているにもかかわらず仕事が見つからない場合など、
正当な理由があれば、それを堂々と証明するべきです。

■ 保護費の増減について

入院や仕事をした場合は、渡される生活保護の金額が変わります。
入院費は生活保護費でまかなわれますので、その金額（食費など）が
引かれた額が生活費となります。同様に仕事で収入があれば、生活費
は基本的には収入を差し引いた額になります。

ただし、仕事で収入があった場合、収入の一部は「基礎控除」（186
ページ）として手元に残りますので、収入を得ない場合よりは、生活
保護の金額は増えることになります。

生活保護を受給していると引越しができないのか

　生活保護の受給者は、ずっとその場所に住まなければならないわけではなく、転居することは可能です。ただし、別の市区町村で生活保護を引き続き受けられるようにするには、転居前の市区町村と受入先の市区町村で連絡を取り合って継続できるようにする必要があります。というのは、市区町村によっては生活保護申請が認められやすいところとそうでないところがあると言われているからです。生活保護費の一部は自治体が負担しているため、財政的に逼迫している市区町村は生活保護費を削減したいと考えているのは十分に考えられることです。そこで、この市区町村間の連絡がうまくいかないと保護が一時的に途切れてしまう可能性もあることに留意して行動することが大切だといえます。

　引越しせざるを得ない理由があれば、話はもう少し簡単に進みます。たとえば、公営住宅の抽選に当選した場合は、移管の問題は起きません。正々堂々と引っ越すことができます。

　また、「通院している病院の近くに引っ越したい」「就職が決まったが勤務地が遠くて通勤が大変なので引っ越したい」などの場合には、移転先の市区町村を説得しやすい材料だといえるでしょう。

■ 辞退届を勧められる理由 ……………………………………………

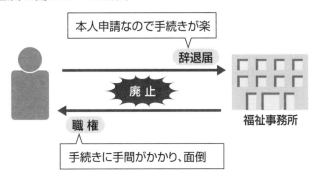

Q 支給が停止・廃止される場合について教えてください。

A 生活保護の停止とは、ある条件の下で支給が一時的に止まることを指します。停止の条件がなくなれば、支給は再開されます。廃止は、支給の権利そのものを失うことです。以下の①〜⑤の場合に支給が停止・廃止されます。

① 受給者が死亡・転出などでその市区町村の住民でなくなったとき

② 生活保護以外の収入・資産で自立できるようになったとき

③ 本人が生活保護を辞退したとき

④ 本人が自立のための努力を怠っているとき

⑤ 法令違反をして、指導にも従わないとき

　注意点を簡単に見ていきましょう。まず、受給者の死亡・転出ですが、家族が複数いる場合は、一人が死亡したとしても、支給要件が続く限り、支給は続きます。また、福祉事務所の許可を得て転出した場合は、転出先の福祉事務所で再申請することになり、今まで居住していた場所の福祉事務所の生活保護は廃止となります。

　②の「生活保護以外の収入・資産で自立できる」場合の基準は、6か月間継続して最低生活費以上の収入を得られるようになったとき、というのが1つの目安です。一時的に保護を必要としなくなった場合には保護が停止され、おおむね6か月を越えて保護を要しない状態が継続すると認められるときに保護の廃止が検討されることになります。④の「自立のための努力を怠っている」とは、働けるのに働き口を見つけようとしないような場合です。何回か指導を受けた上で、それでも仕事を見つけようとしない場合に生活保護が廃止されます。

生活困窮者自立支援法について知っておこう

生活保護受給に至る前段階での支援を目的としている

どんなことが規定されている法律なのか

生活保護を受け始めると、なかなかその状態から抜け出すことができない実情を踏まえると、生活保護受給に至る前に何らかの支援を行うことが重要です。生活保護制度の見直しおよび生活困窮者対策に総合的に取り組む法律として、平成27年4月に施行されたのが生活困窮者自立支援法です。

生活困窮者自立支援法は、生活困窮者に対し以下のような自立支援に関する措置を講ずることで、生活困窮者の自立の促進を図ることを目的とする法律です。

① 生活困窮者自立相談支援事業

② 住居確保給付金の支給

③ 就労準備支援事業、一時生活支援事業、家計相談支援事業、学習支援事業等

④ 就労訓練事業

生活困窮者とは

生活困窮者自立支援法における「生活困窮者」とは、「現に経済的に困窮し、最低限度の生活を維持することができなくなるおそれのある者」と規定されています（3条）。つまり、今は生活保護を受けるほどの状態ではないものの、いつその状態に陥ってもおかしくない人が対象になるということです。

都道府県知事等による就労訓練事業の認定とは

生活困窮者自立支援制度の中の就労訓練事業（中間的就労）は、社会福祉法人やNPO法人、営利企業などが自主事業として実施するものですが、その内容について厚生労働省令が定める基準を充たし、都道府県等の認定を得れば「認定就労訓練事業」になることができます。

自立相談支援事業とは

同法では、都道府県および市（特別区を含む）、福祉事務所を設置する町村に対し、生活困窮者自立相談支援事業を行うことを義務付けています（4条）。事業の具体的な内容としては、次のようなものが挙げられています。

① **就労支援相談事業**

生活困窮者からの相談を受け、就労や自立に向けて必要な情報の提供や助言を行います。

② **認定生活困窮者就労訓練事業の利用あっせん**

「生活困窮者就労訓練事業（中間的就労）」のうち、一定の基準に適合し、都道府県知事の認定を受けた事業が「認定生活困窮者就労訓練事業」です。就労訓練を受けることが必要な生活困窮者に就労訓練事業所を紹介したり、就労訓練事業に取り組む事業所の開拓を行います。

③ **自立支援計画の作成**

生活困窮者の抱えている課題に対するアセスメント（評価）を行い、それぞれが自立に向けて必要としている支援の種類や内容、進め方等について記載した計画を作成します。

なお、自立相談支援事業に従事するのは主任相談支援員、相談支援員、就労支援員の各職種です。支援員は、生活困窮者の相談を受け、それぞれが抱える課題についてアセスメント（評価）を行った上で、自立に向けた計画書の策定、就労・研修など各分野の事業のあっせん、支援機関等への紹介などさまざまな支援を行っています。支援

員には高い支援技術が必要となるため、国は人材育成のための養成研修の実施をしています。研修内容としては、生活困窮者支援の理念や目的、自立相談支援事業の実施プロセス、生活困窮者に対するアセスメント、プランニング技術などが実施されています。

どのような就労支援が行われるのか

生活困窮者に対する就労支援の内容としては、次のようなものが挙げられています。

① 就労支援員による相談事業

就労の準備がある程度整っている生活困窮者に対し、就労支援員が個別に履歴書の作成指導やハローワークへの同行訪問、面接指導などを行います。

② 就労訓練事業

何らかの事情ですぐに継続して就労することができない生活困窮者に対し、就労訓練の場を設け、就労に必要な知識や技術を習得する機会を提供する事業です。中間的就労ともいいます。訓練の内容としては社会福祉法人やNPO法人、営利法人などでの清掃作業、リサイクル、農作業といった比較的軽易な作業が行われています。

③ 就労準備支援事業

生活困窮者の中には一日の生活リズムが整っていない、集団での活動が困難などの事情で就労が難しい状態の人もいます。このような人に対し、生活訓練や社会訓練、技術習得訓練などを行うことにより、就労のための基礎的な能力を形成することを目的とした事業です。

居住場所の確保のためにどのような支援が行われるのか

職を失うことによってまず負担になるのが、住居費です。そこで支援法では、緊急雇用創出事業臨時特例基金事業として平成21年10月から行われている住宅支援給付金を制度化し、都道府県等に対し、「住

居確保給付金」を支給するよう求めています。

　給付金の対象となるのは、①離職後２年以内で経済的に困窮し住居を失った、または失うおそれがある、②就職に向けた活動をしている、③離職前に世帯の生計を主として維持していたなど、の条件にすべて該当する者です。

　さらに、支給要件として月収や同居親族分も含めた資産内容、就職活動をしているかどうかなどが加わります。この内容は給付金を支給する都道府県等によって異なります。

　要件を満たす者に対し、原則３か月間（就職活動を誠実に行っている場合は３か月延長可能。ただし最長９か月まで）給付金が支給されます。給付金の額は単身か複数世帯かによって異なりますが、東京23区の場合、単身世帯で５万3,700円、２人世帯で６万4,000円、３〜５人世帯で６万9,800円が上限です。

■ 緊急的な保護が必要な者にどのような支援が行われるのか

　生活保護は受給していないものの、住居がなく、一定水準以下の収入しか得られていない人もいます。ホームレスなどが想定されるわけですが、中には健康面での問題を抱える人も多く、緊急に保護が必要になることもあります。都道府県等は、このような人に対し、３か月程度の期間に限り、宿泊場所の供与や衣食の供与などを行う「一時生活支援事業」を実施することができます。

■ 家計の管理についてどのような支援が行われるのか

　失業や借金などの問題を抱える生活困窮者は、家計の管理についての支援を受けることができます。具体的には、①家計の管理に関する相談を受ける、②必要な情報の提供や助言をする、③支出の節約に関する指導や必要な資金の貸付あっせんを行う、といったことが挙げられています。

学習支援なども行われる

　生活困窮者が養育する児童生徒は、さまざまな経済的あるいは精神的な事情によって学習が遅れたり進学の機会を失ったりするなど、学習面での問題を抱えていることが多いのが現状です。このため、養育相談や学習機会の提供、学生ボランティア等による学習支援などが行われます。

国や地方公共団体の役割、費用の国庫負担

　生活困窮者自立支援法に基づき、自立相談支援事業や住居確保給付金の支給などの事業を実際に行うのは市（特別区を含む）および福祉事務所を設置する町村です。都道府県は、市等が行うこれらの事業が適正かつ円滑に行われるよう、助言や援助などを行います。さらに国も、都道府県等が行う各事業について必要な助言や援助を行うことが義務付けられています。

　なお、各事業にかかる費用のうち、国が負担する割合と補助が行われる割合は以下のとおりです。

①　自立相談支援事業、住居確保給付金　　：国で４分の３を負担
②　就労準備支援事業、一時生活支援事業：費用の３分の２の補助が可能
③　家計相談支援事業、学習支援事業その他生活困窮者の自立の促進に必要な事業：費用の２分の１の補助が可能

求職者支援制度とはどのような関係にあるのか

　求職者支援制度は、雇用保険を受給できない求職者に対し、職業訓練の受講機会を提供することで求職者の就職や生活の安定を支援するものです。一方、生活困窮者自立支援制度は、求職活動を行うこと自体も困難になっている生活困窮者を対象に生活習慣や社会参加能力の構築などを含めた訓練を実施するものです。両制度が適切に役割を果

たすことにより、生活保護に至る前のセーフティネットとしての機能を発揮することが期待されています。

生活保護法の支援とはどのような関係にあるのか

生活保護法にも、「被保護者就労支援事業」があります。こちらの対象は「現に保護を受けている者」および「現に保護を受けているといないにかかわらず、保護を必要とする状態にある者」、つまり要保護者です。要保護者の状態になるおそれのある者は、生活困窮者自立支援法の事業を利用することになります。生活困窮者自立支援法の事業の利用者が生活保護を必要とする状態になれば、確実に生活保護につなぐ、生活保護受給者の子どもに対する学習支援については、生活困窮者自立支援法の事業を利用するなど、双方が連携して対象者を支援します。

■ 生活困窮者対策と生活困窮者自立支援法の支援 ⋯⋯⋯⋯⋯

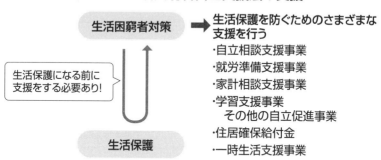

第 5 章

困ったときに役立つ
給付金とサポート制度

失業・求職

失業等給付の基本手当 ....

どんな制度なのか

　基本手当とは、雇用保険の一般被保険者であった者が離職し、失業した場合に国から支給される手当です。基本手当のしくみは「受給金額×給付日数」です。受給金額は、離職前6か月間に支払われた賃金に基づいて計算され、離職前の賃金（賞与を除く）の50％〜80％程度の金額が支給されます。給付日数は離職理由、被保険者であった期間、労働者の年齢によって90日から360日の間で決定されます。

　⇒第2章34ページ参照

延長給付 ....

どんな制度なのか

　延長給付は、社会情勢などの影響によって就職が困難である場合や個々の受給資格者の置かれている状況などに配慮して、本来の所定給付日数分の日数に加えて、基本手当を延長する制度です。訓練延長給付、広域延長給付、全国延長給付、個別延長給付、地域延長給付の5種類があります。このうち、地域延長給付は、令和4年3月31日までの暫定措置となっています。延長給付によって、30〜120日の日数が延長されます。

　⇒第2章40ページ参照

傷病手当 ....

どんな制度なのか

　雇用保険の基本手当は仕事に就くことができる人を対象にしています。そのため、病気やケガが原因で継続して15日以上職業に就けない場合は、基本手当に代えて、傷病手当を受給することができます。30日以上職業に

就けない場合は、傷病手当の支給か基本手当の受給期間を延長するか（最大４年が限度）選ぶことができます。

⇒第２章68ページ参照

················· **技能習得手当** ·················

どんな制度なのか

職業訓練を受けるときに知っておきたい給付金が雇用保険の技能習得手当です。技能習得手当は、職業訓練を利用して失業中に新しい技術を身につけたいという人をバックアップする手当です。雇用保険の基本手当を受給する権利のある者（受給資格者）が公共職業安定所長の指示する公共職業訓練を受講する場合、その受給期間について、基本手当に加えて、技能習得手当が支給されます。技能習得手当には、①受講手当と②通所手当の２つの種類があります。

⇒第２章73ページ参照

················· **再就職手当・就業促進定着手当** ·················

どんな制度なのか

早期に就職先を見つけた場合に支給される手当です。再就職手当の金額は以下の計算式で決まります。

・**基本手当の支給残日数が所定給付日数の３分の２以上の場合**
　所定給付日数の支給残日数×70％×基本手当日額（上限あり）

・**基本手当の支給残日数が所定給付日数の３分の１以上の場合**
　所定給付日数の支給残日数×60％×基本手当日額（上限あり）

また、再就職後の賃金が下がった場合、新しい職場に６か月間定着することを条件として、賃金の下がった部分の６か月分（上限は、再就職手当の給付率が60％の場合、基本手当の支給残日数の40％となり、再就職手当の給付率が70％の場合は、基本手当の支給残日数の30％となります）が、一時金（就業促進定着手当）として上記手当に加えて支給されます。

⇒第２章77ページ参照

どんな制度なのか

　再就職手当を受給するためには「１年を超えて勤務することが確実」と見込まれる就職先を見つけなければなりません。しかし、中には、正社員ではなく、短期間のパートや人材派遣、契約社員の形で働くことになる人もいます。そこで、こうした再就職手当の受給要件に該当しない場合であっても就職先を見つけた人に支給することにしたのが就業手当です。

　⇒第２章80ページ参照

どんな制度なのか

　常用就職支度手当は、就職が困難な人が支給日数が残っている受給期間内にハローワークの紹介で安定した職業についた場合に、基本手当日額の40％（最大で90日分）を支給する制度です。基本手当の支給残日数が所定給付日数の３分の１以上の場合には再就職手当（77ページ）の対象者となるため、常用就職支度手当の対象者は基本手当の支給残日数が所定給付日数の３分の１未満の者ということになります。

　⇒第２章79ページ参照

どんな制度なのか

　広域求職活動とは、雇用保険の失業等給付の受給資格者がハローワークの紹介で、そのハローワークの管轄区域外にある会社などの事業所を訪問したり、面接を受けたり、事業所を見学したりすることをいいます。広域求職活動を行う失業者に支給されるのが雇用保険の広域求職活動費です。

　⇒第２章82ページ参照

どんな制度なのか

・教育訓練給付（教育訓練給付金）

　就職するために、スキルアップのための特殊技術の習得や、外国語の学習、資格の取得が必要なケースもあります。失業者のこのような能力開発の取り組みを国でも支援しようというのが教育訓練給付の制度です。3種の教育訓練給付があり、厚生労働大臣が指定する一般教育訓練を受講・修了した際に支給される「一般教育訓練給付金」、ITスキルなど早期のキャリア形成に役に立つ訓練を受講・修了した際に支給される「特定一般教育訓練給付金」と、専門性の高い資格の取得を目標とする訓練を受講・修了した際に支給される「専門実践教育訓練給付金」があります。一般教育訓練給付金の受給金額は、受講のために受講者本人が教育訓練施設に対して支払った教育訓練経費の20％（支給率）です。ただし、20％を乗じた額が4,000円を超えない場合は支給されません。また、20％を乗じた額が10万円を超えた場合には、10万円となります（特定一般教育訓練給付金の場合は支給率が40％、支給率を乗じて掛けた額が20万円を超えた場合には、20万円となります）。

　専門実践教育訓練給付金の受給金額は教育訓練経費の50％（1年間の上限は40万）で、さらに受講した教育訓練の結果、1年以内に資格を取得し就職に結びついた場合には、給付がさらに20％追加され、合計70％（1年間の上限は56万）となります（支給率を乗じた額が4,000円を超えない場合は支給されません）。原則として2年間（最大3年間）給付されることになります。

・教育訓練支援給付金

　45歳未満の失業者が、専門実践教育訓練給付の対象となる講座を受講すると、その訓練期間中は、基本手当の80％が支給されます。この教育訓練支援給付金制度は、受講開始日が令和4年3月31日以前であることが条件です。

対象者・手続き

・教育訓練給付（教育訓練給付金）

　一般教育訓練給付・特定一般教育訓練給付の支給を受けることができる

のは、以下の①、②のいずれかに該当する者で、厚生労働大臣の指定する教育訓練を受講し、訓練を修了した者です。失業者だけでなく、在職者も利用することができます。

① 雇用保険の一般被保険者

厚生労働大臣が指定した教育訓練の受講を開始した日（受講開始日）において雇用保険の一般被保険者である者のうち、支給要件期間が３年以上ある者です。ただし、初めて教育訓練給付を受けようとする場合、支給要件期間は「１年以上」になります。

② 雇用保険の一般被保険者であった者

受講開始日において一般被保険者でない者のうち、一般被保険者資格を喪失した日（離職日の翌日）以降、受講開始日までが１年以内であり、かつ支給要件期間が３年以上ある者が対象になります。

教育訓練給付の申請手続きは、教育訓練の受講修了後１か月以内に教育訓練を受けた本人の住所地を管轄するハローワークに対して行います。

専門実践教育訓練給付の場合は、初めて教育訓練給付を受ける場合は支給要件期間が「２年以上」に、２回目以降は原則どおり「３年以上」となります。

・教育訓練支援給付金

教育訓練支援給付金の給付を受けることができるのは、45歳未満の、専門実践教育訓練給付の対象講座を受講する者です。教育訓練給付の申請手続きは、本人の住所地を管轄するハローワークに対して行います。

·························· **高年齢求職者給付金** ··························

どんな制度なのか

65歳以降に退職すると、失業等給付の種類は基本手当ではなく高年齢求職者給付金という一時金に変わります。受給金額は、基本手当の50日分（被保険者として雇用された期間が１年未満のときは30日分）の給付金が一括で支給されます。

⇒第２章35ページ参照

·················· **高年齢雇用継続基本給付金** ··················

どんな制度なのか

　労働の意欲と能力のある60歳以上65歳未満の者の雇用の継続と再就職を
援助・促進していくことを目的とした給付が高年齢雇用継続給付です。高
年齢雇用継続基本給付金は高年齢者の雇用継続を目的とした給付です。

　⇒第２章71ページ参照

·················· **高年齢再就職給付金** ··················

どんな制度なのか

　高年齢雇用継続給付のうち、高年齢者の再就職を支援する目的での給付
が高年齢再就職給付金です。

　⇒第２章71ページ参照

·················· **未払賃金の立替制度** ··················

どんな制度なのか

　未払賃金については、「賃金の支払の確保等に関する法律」（賃確法）に
よる未払賃金の立替払い制度を利用できる場合があります。立替払いの
対象となるのは、未払賃金総額の80％相当額（年齢による上限あり）です。
ただし、26ページ図のような上限も設けられています。立替払いを受ける
には、①破産手続開始決定を受けたこと、②特別清算開始命令を受けたこと、
③民事再生開始の決定があったこと、④会社更生手続開始の決定があった
こと、⑤中小企業事業主が賃金を支払うことができなくなった場合におい
て、退職労働者の申請に基づいて労働基準監督署長の認定があった場合
（事実上の倒産）という要件のいずれかにあてはまることが必要になります。

　立替払いの対象者は、労災保険の適用事業で１年以上にわたって事業活
動を行ってきた企業（法人、個人を問いません）に、労働者として雇用さ
れていた者で、上記の破産手続などの事由があった日の６か月前の日から
２年間に退職した者です。ただし、未払賃金の総額が２万円未満の場合は、
立替払いを受けることができません。

　⇒第１章26ページ参照

どんな制度なのか

国民健康保険には、倒産やリストラなどの非自発的理由での失業によって加入した人の保険料を軽減する制度があります。国民健康保険は前年の所得などをもとに保険料を算出しますが、この制度では、前年度の所得を３割とみなして計算するため、その分だけ保険料が安くなります。軽減が受けられる期間は、退職日の翌日から翌年度末までです。ただし、再就職が決まり、会社の健康保険に加入した場合は、国民健康保険を脱退するので軽減措置は終了します。

対象者・手続き

対象者は、雇用保険の特定受給資格者と特定理由退職者で、65歳未満の人です。特定受給資格者とは、倒産、リストラ、セクハラやパワハラを受けた、実際の労働条件が契約と大きく異なっていたなどの理由で退職した人です。一方、特定理由退職者は、病気やケガ、体力不足、有期労働契約の期間満了による雇止め、親族の扶養や介護が必要になったなどの理由で退職した人です。申請手続きは、各市区町村役場で行います。手続きには、雇用保険の受給資格者証が必要になります。

············· 国民年金の保険料免除 ·············

どんな制度なのか

自分で直接保険料を納付することになっている第１号被保険者の場合は、経済的に困窮していて、保険料を払えないということもありえます。

そこで、救済措置として「保険料免除制度」が設けられました。保険料の免除には「法定免除」と「申請免除」があります。法定免除は、障害基礎年金をもらっている人や生活保護法に基づく生活扶助を受けている人などのための免除制度です。申請免除は、前年の所得が少ないなど経済的な理由で保険料を納めることが困難な人のための免除制度です。

対象者・手続き

申請免除には、保険料の全額が免除される「全額免除」と、保険料の４

分の3が免除される「4分の3免除」半額が免除される「半額免除」保険料の4分の1が免除される「4分の1免除」があります。

第1号被保険者、配偶者、世帯主で、保険料を納付することが困難なときは、住所地の市区町村役場で申請して承認を受けた場合には、免除の内容に応じて保険料が免除されます。

保険料の納付免除（全額・一部）・納付猶予・学生納付特例の申請は、保険料の納付期限から2年を経過していない期間、過去にさかのぼって申請できます。

国民健康保険・国民年金・後期高齢者医療制度及び介護保険の保険料減免

どんな制度なのか

新型コロナウイルスの影響により、収入が一定程度下がった場合、国民健康保険、国民年金、後期高齢者医療制度及び介護保険の保険料について減免等が受けられる可能性があります。

対象者・手続き・申請期間

国民健康保険料、後期高齢者医療保険料、介護保険料の減免の対象となるのは、新型コロナウイルスの影響により、主たる生計維持者の令和2年の見込み収入が、前年の収入と比べて3割以上減少した世帯です。ただし、主たる生計維持者の前年の所得が1000万円以上ある場合等は対象外となります。免除額については収入の減少率を基に算定します。おもな生計維持者が新型コロナウイルスに感染し死亡した場合、または重篤な傷病を負った場合には全額が免除されます。減免されるのは、令和元年度分および令和2年度分の保険料で、令和2年2月1日から令和3年3月31日までに納付期限を設定している人が対象です。

国民年金保険料については、新型コロナウイルスの影響により令和2年2月以降に収入が減少した場合であって、令和2年の見込み収入が国民年金保険料免除等の水準になる人が対象です。該当者には、令和2年2月から令和3年6月までの国民年金保険料が全部または一部免除されます。

所得税の還付

どんな制度なのか

　1か月の収入が一定額を超えると、給料から所得税が源泉徴収されます。しかし、1年間の収入が103万円以下だったり、生命保険などに加入している、扶養家族が増えたなどの事情がある場合、1年間の収入で計算すると、源泉徴収された所得税が納めすぎになることがあります。このような場合、還付申告をすれば納めすぎた税金が返ってくることになっています。

対象者・手続き

　会社員などの場合、年末調整の手続きをすれば、源泉徴収された税金の還付を受けることができます。しかし、1年間の医療費の負担額が一定額を超えていて医療費控除を受けたい場合や、年の途中で退職して年末調整を受けていないといった場合、確定申告によって還付申告をする必要があります。書類は税務署などの窓口に取りにいくか、国税局のホームページからダウンロードすれば入手することができます。提出は税務署の窓口に直接持参するか、郵送します。一定の手続きをすればインターネットでも提出できるようになります。

　還付金の請求は、1年間いつでも行うことができますが、請求できる日から5年間の間に行わないと時効により請求権が消滅しますので注意してください。なお、今年の還付請求を3年後にしたとしても、その税額はあくまでも今年の各種控除や特例を基に計算されます。適用される税率も今年の税率が適用されます。

ケガ・病気・障害・死亡

療養（補償）給付

どんな制度なのか

労働者が、業務上または通勤途中のケガ・病気によって療養を必要とする場合に労災保険から給付されます。業務災害の場合を療養補償給付といい、通勤災害の場合を療養給付といいます。

治療の現物給付を行うという「療養の給付」と、現金給付の「療養の費用の支給」の2種類がありますが、「療養の給付」が原則です。「療養の給付」では、労災指定病院で治療を受ければ、原則として傷病が治ゆするまで必要な療養を受けることができます。

「療養の費用の支給」は、労災指定病院以外で療養を受けた場合に、そのかかった費用を支給するというものです。治療費だけでなく、入院の費用、看護料、移送費など、通常療養のために必要なものは全額支給されます。

対象者・手続き

対象者は業務上または通勤途中のケガ・病気によって療養を必要とする労働者です。

療養の給付を請求する場合、療養を受けている指定医療機関等を経由して、所轄の労働基準監督署に、所定の請求書を提出します。労災指定病院以外で治療を受け、療養の費用を請求する場合には、支払った費用の領収書等とともに、所定の請求書を事業所管轄の労働基準監督署に提出します。

療養の給付

どんな制度なのか

健康保険では、業務以外の事由による病気やケガなどの保険事故に対して、療養の給付という形で医療を現物給付します。一部負担金として、療養の給付に要した額の2割もしくは3割を負担します。

しかし、保険の適用を受けられない病院で治療を受けたり、保険証を持たずに病院に行ったという場合には、受診者が医療費を全額自己負担しなければなりません。ただし、後から請求することで支払った医療費の一部を療養費として現金給付してもらうことができます。

対象者・手続き

療養の給付を受ける場合には、保険医療機関などに被保険者証を提出します。70歳以上の場合には高齢受給者証も合わせて提出します。

また、療養費の給付を受けるための手続きとしては、保険者（健康保険の運営者。健保組合や協会けんぽ、市区町村国保等）に対して療養費の請求を行います。保険者が請求内容について療養の給付が困難であると認めたときや、被保険者が保険医療機関・保険薬局以外の医療機関・薬局で診療や調剤を受けたことにつきやむを得ない事情があると認めるときには、自己負担した医療費から一部負担金（原則として医療費の2割もしくは3割。通常、窓口で支払う個人負担額）を除いた金額の払い戻しを受けることができます。

・・・・・・・・・・・・・・・・・・・・・ 休業（補償）給付 ・・・・・・・・・・・・・・・・・・・・・

どんな制度なのか

休業（補償）給付とは、業務中または通勤中に被ったケガ・病気で働けない場合の生活補償費です。業務中の原因による場合を休業補償給付、通勤中の原因による場合を休業給付といい、労災保険から給付されます。

業務上または通勤途中の負傷・疾病による療養のために休業し、賃金を受けない日の第4日目以降から支給されます。

休業1日について給付基礎日額の60％が休業（補償）給付として支給され、これに加えて、給付基礎日額の20％が休業特別支給金として支給されるので、合わせて給付基礎日額の80％を受け取ることができます。なお、給付基礎日額とは、原則として、災害発生日以前3か月間に被災した労働者に支払われた賃金総額を、その期間の総日数で割って算出されます。

　休業（補償）給付の対象者は、業務中または通勤中に被ったケガ・病気で働けない労働者です。ただし、3日間の待期期間が設定されているため、休業（補償）給付は、療養のため労働することができずに賃金を受けられない日の4日目から支給されます。つまり、3日で完治した場合には、休業（補償）給付を受給することはできません。休業（補償）給付を受けるためには、治療を受けている医師から労務不能であった期間の証明を受け、出勤簿などの添付書類とともに、事業所管轄の労働基準監督署に所定の書類を提出します。また、休業特別支給金は、「休業（補償）給付支給請求書」と同一の用紙で同時に請求を行うことができます。

·········· 傷病手当金 ··········

どんな制度なのか

　労働者（被保険者）が業務外の病気やケガで働くことができなくなり、

■ 労災保険の給付内容 ··········

目的	労働基準法の災害補償では十分な補償が行われない場合に国（政府）が管掌する労災保険に加入してもらい使用者の共同負担によって補償がより確実に行われるようにする
対象	業務災害と通勤災害

業務災害（通勤災害）給付の種類	療養補償給付（療養給付）	病院に入院・通院した場合の費用
	休業補償給付（休業給付）	療養のために仕事をする事ができず給料をもらえない場合の補償
	障害補償給付（障害給付）	傷病の治癒後に障害が残った場合に障害の程度に応じて補償
	遺族補償給付（遺族給付）	労災で死亡した場合に遺族に対して支払われるもの
	葬祭料（葬祭給付）	葬儀を行う人に対して支払われるもの
	傷病補償年金（傷病年金）	治療が長引き1年6か月経っても治らなかった場合に年金の形式で支給
	介護補償給付（介護給付）	介護を要する被災労働者に対して支払われるもの
	二次健康診断等給付	二次健康診断や特定保健指導を受ける労働者に支払われるもの

その間の賃金を得ることができないときに、健康保険から傷病手当金が支払われます。傷病手当金の支給額は、1日につき標準報酬日額の3分の2相当額です。ただ、会社などから賃金の一部が支払われたときは、傷病手当金と支払われた賃金との差額が支払われます。傷病手当金の支給期間は支給開始日から1年6か月です。1年6か月経過すると傷病手当金の支給は打ち切られますが、1年6か月後も障害が残っている場合には障害基礎年金・障害厚生年金が支給されることになります。

対象者・手続き

　傷病手当金を受給するためには、療養のために働けなくなり、その結果、連続して3日以上休んでいたことが要件となります。「療養のため」とは、療養の給付を受けた（健康保険を使って医院等を受診した）という意味に限らず、自分で病気やケガの療養を行った場合も含みます。「働くことができない」状態とは、病気やケガをする前にやっていた仕事ができないことを指します。「軽い仕事だけならできるが以前のような仕事はできない」という場合にも、働くことができない状態にあたります。

　傷病手当金の給付を受けるためには、傷病手当金支給申請書を、事業所を管轄する全国健康保険協会（協会けんぽ）の都道府県支部、または会社の健康保険組合に提出することが必要です。

　なお、市区町村等が運営する国民健康保険（国保）も条例で傷病手当

■ 傷病手当金の支給期間 ………………………………………………

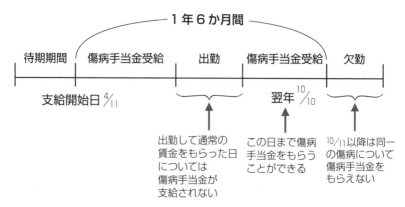

金を支給することができる規定がありますが（国民健康保険法58条2項）、実施している国保はありません（令和2年度5月時点で、新型コロナウイルス感染症の拡大を受けて、適用期間を限定して傷病手当金の支給を行っている国保はあります）。

・・・・・・・・・・・・・・・・・・・・・・・・・・・・・・・ **高額療養費制度** ・・・・・・・・・・・・・・・・・・・・・・・・・・・・・・・

どんな制度なのか

　医療費の自己負担額が一定の基準額を超えた場合に被保険者に給付される（払い戻される）のが健康保険の高額療養費です。

　高額療養費は、被保険者や被扶養者が同じ月に同じ病院などで支払った自己負担額（入院時の食費負担や差額ベッド代などは含まれません）が、高額療養費算定基準額（自己負担限度額）を超えた場合、その超えた部分の額が高額療養費として支給されます。医療費の1か月あたりの自己負担限度額は、被保険者の年齢や所得の多寡によって異なります。

対象者・手続き

　対象者は健康保険に加入できる75歳未満の健康保険の被保険者（被扶養者）です。医療費の1か月あたりの自己負担限度額の計算方法は、被保険者の年齢や所得の多寡によって異なります。70歳未満の人は、所得に応じて5つに区分けされており、所得が高いほど自己負担額が高くなります。所得が「標準報酬月額28万〜50万円」の範囲の人については、原則として、以下の計算式で算出します。

　80,100円＋（総医療費－267,000円）×1％

　70〜74歳の人については、「現役並み所得者」「一般所得者」「低所得者」の3つに区分けされており、所得が「一般所得者」の人については、個人ごとの外来について18,000円、世帯の外来・入院について57,600円が上限です。所得が「現役並み所得者」の人の自己負担限度額の計算方法は、所得に応じてさらに3つに区分けされており、70歳未満の人の自己負担限度額と同じ計算式を使用して算出します。

　高額療養費を請求する場合、暦月の1か月ごと、医療機関ごとに、年齢と所得に応じて定められた金額を超えて自己負担額を支払ったときは、

「健康保険被保険者（被扶養者、世帯合算）高額療養費支給申請書」をすみやかに全国健康保険協会または会社の健康保険組合に提出します。

■ 医療費の自己負担限度額（限度額を超えた額が高額療養費として払い戻される）…

● 1か月あたりの医療費の自己負担限度額（70歳未満の場合）

所得区分	自己負担限度額	多数該当
標準報酬月額 83万円以上の方	252,600円＋ （総医療費－842,000円）×1%	140,100円
標準報酬月額 53万円〜79万円の方	167,400円＋ （総医療費－558,000円）×1%	93,000円
標準報酬月額 28万円〜50万円の方	80,100円＋ （総医療費－267,000円）×1%	44,400円
一般所得者 （標準報酬月額26万円以下）	57,600円	44,400円
低所得者 （被保険者が市町村民税 の非課税者等）	35,400円	24,600円

● 1か月あたりの医療費の自己負担限度額（70〜74歳の場合）

被保険者の区分		医療費の負担限度額	
		外来（個人）	外来・入院（世帯）
①現役並み所得者（負担割合3割の方）	現役並みⅢ （標準報酬月額 83万円以上）	252,600円＋（総医療費 -842,000円）×1% （多数該当：140,100円）	
	現役並みⅡ （標準報酬月額 53万〜79万円）	167,400円＋（総医療費 -558,000円）×1% （多数該当：93,000円）	
	現役並みⅠ （標準報酬月額 28万〜50万円）	80,100円＋（総医療費 -267,000円）×1% （多数該当：44,400円）	
②一般所得者 （①および③以外の人）		18,000円 （年間上限14.4万円）	57,600円 （多数該当：44,400円）
③低所得者	市区町村民税の 非課税者等	8,000円	24,600円
	被保険者とその扶養 家族すべての人の 所得がない場合		15,000円

※多数該当とは、高額の負担がすでに直近12か月に3か月以上ある場合の4か月目以降をいう。

障害（補償）一時金

どんな制度なのか

　労災事故によってケガや病気をし、それが治癒した後、比較的軽度の障害が残った場合に支給されるのが、障害（補償）一時金です。障害（補償）一時金の額は、障害の等級によって異なります。毎年支給される年金ではなく、一回限りの一時金として支給されます。

　なお、障害（補償）一時金が支給される者には障害特別支給金と障害特別一時金（賞与など特別給与に基づいて別に算定）がそれぞれ支給されます。

対象者・手続き

　障害（補償）一時金の支給対象になるのは、残った障害の等級が8級から14級までの人です。請求の手続きは、ケガや病気が治癒した段階で行います。この場合の治癒とは、元の状態に戻ったことを言うのではなく、症状が固定し、治療を継続しても改善が期待できない状態をいいます。

　請求先は、所管の労働基準監督署です。請求書には、診断書を添付する必要があるので、医療機関に依頼して記載してもらいましょう。場合によってはレントゲンなどの証明資料を添付するよう求められることがあります。

　なお、障害（補償）一時金の請求権は、ケガや病気が治癒したと判断された日の翌日から5年を経過すると時効によって消滅しますので、できるだけすみやかに請求手続きを行うようにしましょう。

障害（補償）年金

どんな制度なのか

　業務上や通勤途上での労災事故によって重度から中程度の障害が残った場合に支給されるのが、障害（補償）年金です。重度の障害が残ると仕事をすることができなくなりますし、中程度の障害が残った場合には仕事を行うことが著しく制約されることになります。このため、一時金ではなく年金の形で長く支援することになっているわけです。支給額は障害の等級によって異なります。なお、障害（補償）年金が支給される者には障害特別支給金と障害特別年金が支給されます。

　障害（補償）年金の支給対象になるのは、労災事故によって残った障害の等級が１級～３級（重度）、４級～７級（中程度）までの人です。請求書の様式は労働基準監督署などで入手することができます。これに必要事項を書き入れ、請求書に添付する診断書に医師（歯科医師）に診断内容を記入してもらい、事業主の証明を受けて請求先の労働基準監督署に提出します。必要に応じてレントゲン写真などを求められることがありますので、事前に確認しておきましょう。なお、障害（補償）年金の請求権の時効は、ケガや病気が治癒したと判断された日の翌日から５年です。この期間を超えると請求することができませんので注意してください。

障害年金

どんな制度なのか

　障害年金は、年金制度に加入している間に、病気やケガで障害を負った人に対して給付される年金です。国民年金の加入者が障害を負った場合の給付を「障害基礎年金」といいます。障害等級が１級・２級の場合は、障害基礎年金が支給されます。厚生年金に加入している場合は、障害基礎年金に上乗せされて、障害厚生年金が支給されます。また、障害の状態が２級に該当しない軽い程度の障害のときは３級の障害厚生年金が支給されます。そして、障害厚生年金を受けるよりも軽い障害が残ったときには障害手当金（一時金）が支給されます。

対象者・手続き

　障害基礎年金を受給するためには、以下の３つの要件を満たすことが必要です。
① 　初診日に国民年金に加入している、または、過去に国民年金の加入者であった60歳以上65歳未満の人で、日本国内に在住している
② 　障害認定日に障害等級が１級または２級に該当する
③ 　以下のいずれかの保険料納付要件を満たしている
・初診日の前日に、初診日の月の前々月までに国民年金の加入者であったときは、全加入期間のうち、保険料の納付期間と免除期間が３分の２以

上を占める

・初診日に65歳未満であり、初診日の月の前々月までの直近1年間に保険料の滞納がない（初診日が令和8年4月1日前の場合の特例）

　障害基礎年金の支給額は、1級が97万7125円、2級が78万1700円です（令和2年度の基準）。障害厚生年金の支給額は、その人の障害の程度や収入に応じて異なった金額となります。

　障害年金を請求する場合、初診日から1年6か月経過日またはそれ以前に症状が固定したときはその時点で、居住する市区町村役場（国民年金のみの人）または住所地または勤務地を管轄する年金事務所（共済組合）に請求します。提出書類は「年金請求書」「年金手帳（組合員期間等証明書)」「医師の診断書」などです。

·············· 高額介護サービス費 ··············

どんな制度なのか

　介護保険制度は、被保険者が、介護を必要とする状態になったときに必要なサービスが提供される公的社会保険制度です。

　被保険者は、第1号被保険者と第2号被保険者に分かれています。65歳以上の人が第1号被保険者で、医療保険に加入している40〜64歳の人が第2号被保険者です。介護保険の利用者は、利用したサービスについての費用につき、原則1割を自己負担しますが、住民税を課税されている65歳以上の人で、一定の収入のある方は2〜3割負担となります。

　介護給付を受けるために認定を受けた利用者は、その認定の度合いによって受けられる給付額が異なります。このように、介護保険で利用できるサービスの費用の上限を要介護度・要支援度ごとに定めたものを区分支給限度額（月額）といいます。ただし、在宅サービスの利用料の自己負担額が高額になってしまった場合や、施設サービスでの自己負担額が高額になってしまった場合には、高額介護サービス費として、市区町村から支給（払い戻し）を受けることができます。

対象者・手続き

　自己負担額の上限は、生活保護受給者や、世帯全員が住民税非課税でか

つ老齢福祉年金受給者（第1段階）、世帯全員が住民税非課税でかつ課税年金収入額と合計所得金額の合計が80万円以下の利用者（第2段階）については15,000円、世帯全員が住民税非課税で利用者負担の第2段階に該当しない場合（第3段階）については24,600円、第1～3段階にあたらない世帯については44,400円です。

　自己負担額を超え、高額介護サービス費の支給を申請する場合、市区町村で手続きを行います。

···················· 遺族（補償）給付 ····················

どんな制度なのか

　労働者が仕事中（業務上）または通勤途中に死亡した場合に、残された遺族の生活保障を目的として支給されるのが労災保険の「遺族（補償）給付」です。正式には、業務災害の場合は「遺族補償給付」といい、通勤災害の場合は「遺族給付」といいますが、この2つを併せて、遺族（補償）給付と呼んでいます。遺族（補償）給付には年金と一時金があります。

　遺族（補償）年金の受給資格者がいる場合には、その者に「遺族（補償）年金」が支給されます。遺族（補償）年金の給付額は、遺族の数に応じ給付基礎日額の153日分から245日分の年金となります。

　遺族（補償）年金の受給資格者がいない場合や、遺族（補償）年金の受給資格者はいるがその権利が消滅し、他に年金を受け取る遺族がいない場合には、一定の遺族に「遺族（補償）一時金」が支給されます。遺族（補償）一時金の金額は給付基礎日額の1000日分です（前払一時金が支払われている場合には1000日分との差額）。

対象者・手続き

　遺族（補償）年金を受ける権利のある遺族を受給資格者といいます。

　受給資格者になることができる遺族は、労働者の死亡当時にその労働者の収入によって生計を維持していた配偶者、子、父母、孫、祖父母、兄弟姉妹です。この場合の配偶者には事実上婚姻関係（内縁関係）と同様の事情にある者を含みます。また妻以外の遺族については、年齢による制約（高年齢または年少）や一定の障害状態にあることなどの要件があります。

これらの受給資格者のうち、最も先順位の者（遺族）だけが受給権者となって、実際に遺族（補償）年金を受給することになります。

遺族（補償）給付を受給するためには、労働者の死亡日から5年以内に事業所管轄の労働基準監督署に「遺族（補償）年金支給請求書」「死亡診断書」「戸籍謄本（抄本）」などを提出します。

······················ 遺族年金 ······················

どんな制度なのか

公的年金の加入者、老齢年金、障害年金の受給者が死亡したとき、残された家族に対して支給されるのが遺族年金です。遺族年金には、遺族基礎年金、遺族厚生年金があります。

遺族基礎年金は、従来母子家庭か孤児だけの場合にのみ年金が支給される制度でしたが、平成26年4月から父子家庭も支給対象になりました。遺族基礎年金の金額は、「本体部分」と「子供扶養のための加算」部分で構成されます。本体部分は、老齢基礎年金と同じ金額、年間78万1700円となり、子のある妻に対する子供扶養のための加算は、第1子と第2子が22万4900円、第3子以降が7万5000円（金額はいずれも令和2年度の基準）となっています。遺族厚生年金は、死亡した者の収入に応じた金額がもらえます。具体的には、死亡した者の老齢厚生年金の4分の3です。ただし、加入期間の長さの違いによって、「短期要件」と「長期要件」があり、支給金額の計算方法が違います。

対象者・手続き

遺族基礎年金をもらえる遺族は限られています。対象は、被保険者（年金制度に加入していた本人のこと）または被保険者であった者の死亡の当時、その者によって生計を維持されていた18歳未満（障害者は20歳未満）の子のいる配偶者、または子です。

ただし、死亡した者について、保険料納付済期間（保険料免除期間を含む）が加入期間の3分の2以上あることが受給要件です。なお、この要件を満たさなくても、令和8年4月1日前の場合は、死亡日に65歳未満であれば、死亡日の属する月の前々月までの1年間に保険料の滞納がなければ

受給できます（納付済期間に関する要件については、遺族厚生年金でも同様です）。

　遺族厚生年金支給の対象となる遺族は、死亡した者によって生計を維持されていた妻、18歳未満の子・孫（一定の障害がある場合は20歳未満）および55歳以上の夫・父母・祖父母（60歳から支給）です。子のない妻であっても支給対象になります。これらの対象者のうち、最も先順位の者（遺族）だけが受給権者となって、実際に遺族年金を受給することになります。

　遺族年金を請求する場合、居住する市区町村役場（国民年金のみの人）や、住所地または勤務地を管轄する年金事務所（共済組合）に請求します。手続きの際には、「年金請求書」を「年金手帳（組合員期間等証明書）」「戸籍謄本」「死亡診断書」などの添付書類とともに提出します。

……………………… 寡婦年金・死亡一時金 ………………………

どんな制度なのか

　国民年金の第1号被保険者（農業、自営業などの被保険者）である夫が亡くなったときに、その夫に支給されるはずであった老齢基礎年金の一部が妻に年金として支給されるのが「寡婦年金」で、一時金として遺族に支給されるのが「死亡一時金」です。

　自営業の夫（国民年金第1号被保険者）が死んだ場合、子どもがいなければ妻は遺族基礎年金をもらうことができません。会社員の夫（国民年金第2号被保険者）が死亡したときには、妻は子どもがいない場合であっても、同様に遺族基礎年金はもらえませんが、遺族厚生年金はもらえます。同じ環境で、一方は年金をもらえるのに、もう一方はもらえない、というアンバランスを補うために寡婦年金、死亡一時金という、第1号被保険者のための独自の給付制度が設けられています。

対象者・手続き

　寡婦年金とは、結婚10年（内縁関係でも可）以上の妻の場合、60歳から65歳までの期間、夫がもらったと考えられる老齢基礎年金の4分の3が支給される制度です。さらに、受給するためには、第1号被保険者として、

保険料を納めた期間（免除期間を含む）が10年以上ある必要があります。

　寡婦年金をもらう要件がそろっていない場合に、死亡時までの保険料相当分をもらえるのが、死亡一時金です。支給を受けるには、国民年金第1号被保険者として保険料を3年以上納めている必要があります。死亡一時金は、最も優先順位の高い遺族に一時金として支給されます。

　なお、寡婦年金の支給要件と死亡一時金の支給要件の両方を満たしている人の場合、どちらかを選択して受け取ることができます。

　寡婦年金と死亡一時金の申請は、住所地の市区町村役場で行います。

・・・・・・・・・・・・・・・・・・・・・・・・　**葬祭料（葬祭給付）**　・・・・・・・・・・・・・・・・・・・・・・・・

どんな制度なのか

　葬祭料（葬祭給付）は、労働者が業務上または通勤途中に死亡した場合に、原則として死亡した労働者の遺族に対して支給されます。業務上の災害などで死亡した場合の給付を「葬祭料」といい、通勤途中の災害などで死亡した場合の給付を「葬祭給付」といいます。支給額は31万5000円に給付基礎日額の30日分を加えた額ですが、この額が給付基礎日額の60日分より少ない場合は、給付基礎日額の60日分が支給されることになっています。

対象者・手続き

　葬祭料・葬祭給付は、死亡した人の葬祭を行った人を対象として支給されます。通常は遺族が対象となりますが、葬祭を行う遺族がおらず、友人や会社が葬儀を行ったという場合には、その友人や会社に対して支給されることもあります。

　葬祭料・葬祭給付を請求する場合は、所轄の労働基準監督署に「葬祭料請求書」または「葬祭給付請求書」を提出します。葬祭料・葬祭給付を請求する場合の添付書類としては、「死亡診断書」や「住民票」など、本人の死亡の事実と死亡年月日を確認できる資料があります。ただ、遺族（補償）給付の請求書をすでに提出している場合は、すでに証明書類を提出してあるはずですから、改めて提出しなくてもよいことになっています。

　なお、葬祭料の請求権は、本人が死亡した日の翌日から2年を経過すると時効により消滅しますので、注意してください。

どんな制度なのか

　健康保険に加入している労働者（被保険者）が業務外の事由で死亡した場合には、その被保険者により生計を維持されていた人で、かつ埋葬を行う人に対し埋葬料が支払われます。埋葬料は、被保険者が自殺した場合にも支払われます。また、被保険者に扶養されている家族が死亡した場合には、被保険者に対し家族埋葬料が支払われます。

対象者・手続き

　「被保険者により生計を維持されていた人」とは、死亡した被保険者の妻や子などです。遺族が一般的ですが、民法上の親族である必要はなく、同居していない者であってもかまいません。生計の一部を維持されていた人も含まれますし、健康保険の被扶養者である必要もありません。

　「埋葬を行う人」とは、常識的に考えて埋葬を行うべき人をいいます。たとえば、被保険者の配偶者や子がこれにあたります。被保険者の配偶者や子がいない場合は、被保険者の兄弟姉妹やその他親戚の者などです。

　埋葬料・家族埋葬料の額は、一律5万円です。健康保険組合によっては、これに付加埋葬料を上乗せしているところもあります。

　死亡した被保険者に家族がいないなど、埋葬料を受け取るべき人がいない場合は、実際に埋葬を行った人に「埋葬費」が支給されます。埋葬費の額は、埋葬料の金額を上限として、火葬費や僧侶への謝礼など実際に埋葬に要した実費相当額です。

　埋葬料を請求するときは、「健康保険埋葬料支給申請書」に、「死亡診断書」などを添付して保険者に提出します。このとき、「健康保険被保険者資格喪失届」と被保険者の「健康保険証」（被扶養者分も含む）も一緒に提出することになります。埋葬料は死亡の翌日から2年以内、埋葬費は埋葬を行った日の翌日から2年以内に請求します。

··· 所得税の医療費控除 ···

どんな制度なのか

　自分自身や家族が病気やケガをして病院などにかかり、医療費を支払っ

た場合には、一定の金額の所得控除を受けることができます。これを医療費控除といいます。また、医療費控除の特例として、健康保持増進や疾病予防を目的に、薬局などでの一般用医薬品の購入、予防接種に要した一定の金額の所得控除を受けることもできます（セルフメディケーション税制）。これらの控除を受けることにより、所得税の負担が軽減されることになります。

対象者・手続き

申告者がその年において、申告者本人または申告者と生計を一にする配偶者などの親族（家族など）の医療費を一定額以上支払った場合に適用されます。医療費控除を利用する場合は、源泉徴収をされている会社員であっても、必ず確定申告をする必要があります。

医療費控除の対象となるのは、確定申告の対象となる年の1月1日から12月31日までの間に実際に支払った医療費です。医療費として支払うべき金額が確定していても、12月31日までに実際に支払ったものでなければ医療費控除の対象とはなりませんので注意してください。

医療費控除の対象となる金額は、次の式で計算した金額（最高で200万円）です。なお、医療費の総額とは病院などの窓口で現金で支払う自己負担額の合計額のことです。

医療費控除額（最高200万円）＝（その年中に支払った医療費の総額−保険金などで補てんされる金額）−10万円（注）

（注）総所得金額等の合計額が200万円未満の場合はその5％相当額

上の算式中の総所得金額等とは、わかりやすくいうと、収入から経費を引いたもので、所得のことです。会社員などの給与所得者の場合、事業を行っている個人事業者のように実際に支払った経費（仕入代金や人件費など）を収入から差し引いて所得を求めるのではなく、給与などの収入金額に応じてあらかじめ定められた控除額（給与所得控除）を収入から差し引いて所得を求めます。

老齢年金

······················· **老齢基礎年金** ·······················

どんな制度なのか

　老齢基礎年金は国民年金から支給される年金で、老齢給付の土台となる年金です。老齢基礎年金の年金額は、「何か月保険料を払ったか」で決まります。20歳から60歳まで、40年間のすべての月の保険料を払った場合が満額で、1年につき78万1700円（令和2年度の基準）がもらえます。

　支給開始時期は原則として65歳からですが、本人の希望によって60～64歳の間に受給を始めたり、66～70歳の間に受給を遅らせたりすることができます。受給開始を早めることを繰上げ支給といい、繰上げ請求時の年齢に応じて減額され、生涯にわたり減額されます。逆に、支給時期を遅くすることを繰下げ支給といい、繰下げ請求時の年齢に応じて、生涯にわたり支給額が増額されます。なお、繰下げ支給について、66～75歳まで拡大する法改正が、令和4年4月から行われる予定となります。

対象者・手続き

　国民年金への10年以上の加入期間（経過措置あり）で受給資格を得たすべての者に支払われます。老齢給付の「10年」という期間は、納付済期間だけでなく、保険料免除期間（経済的な理由などで保険料の支払いの全部または一部を免除された期間）、合算対象期間（強制加入ではなかった時期に任意で加入しなかった期間について加入したこととして扱う期間）も含めます。

　平成29年7月31日までは25年間の加入期間が必要でしたが、法改正が行われ、平成29年8月から受給資格期間が10年に短縮されています。遺族年金の加入期間には変更はなく、25年のままとなっていますので注意してください。

　年金を請求する場合、居住する市区町村役場（国民年金のみの人）や、住所地または勤務地を管轄する年金事務所（共済組合）に請求します。ま

た、厚生年金の加入者であれば「街角の年金相談センター」（日本年金機構から委託を受けた社労士会が運営）でも手続きをすることができます。

………………………… **老齢厚生年金** …………………………

どんな制度なのか

　厚生年金には厚生年金に加入している会社の会社員、公務員などが加入します。公的年金制度は、国民年金（基礎年金）をすべての人が加入する年金制度として位置付けているため、厚生年金の加入者は、老後は老齢基礎年金に加えて老齢厚生年金を受給することができます。

支給時期

　老齢厚生年金は、60歳から受給できる60歳台前半の老齢厚生年金と65歳から受給する本来の老齢厚生年金の2つに分けて考える必要があります。法律上の老齢厚生年金の支給開始時期は将来的には完全に65歳からになりますが、現在は支給時期を段階的に遅らせている状況にあり、生年月日によっては60～64歳の人にも特別に支給される年金として、老齢年金が支給されています。これを「特別支給の老齢厚生年金（60歳台前半の老齢厚生年金）」といいます。特別支給の老齢厚生年金は原則として報酬額に関係のない定額部分と報酬額によって受給額が変わってくる報酬比例部分という2つの部分から成り立っています。まず、定額部分の支給を段階的に遅らせて、それが完了したら今度は報酬比例部分の支給を段階的に遅らせていきます。これにより、男性の場合、昭和36年4月2日以降生まれ、女性の場合、昭和41年4月2日以降生まれの人は60歳台前半の老齢厚生年金を受け取ることができなくなります。

受給要件と支給額

　65歳からの本来の老齢厚生年金については、老齢基礎年金の受給資格期間（10年間）を満たした人で、厚生年金の加入期間が1か月以上ある人は老齢基礎年金に上乗せして、本来の老齢厚生年金をもらうことができます。一方、特別支給の老齢厚生年金を受給するためには厚生年金の加入期間が1年以上あることが必要です。

65歳からもらえる本来の老齢厚生年金の支給額は老齢基礎年金と異なり、納めた保険料の額で決まります。つまり、現役時代に給料が高かった人ほどたくさん老齢厚生年金をもらえるしくみになっています。

一方、特別支給の老齢厚生年金の金額は、65歳からの老齢基礎年金に相当する部分（定額部分）については納付月数に応じて支給額が決められます。また、65歳からの老齢厚生年金に相当する部分（報酬比例部分といいます）については現役時代の報酬を基に支給額が決められることになります。

手続き

老齢厚生年金の請求手続きは、国民年金のみに加入していたか、厚生年金に加入していた期間があったかによって異なりますが、最後に被保険者として使用されていた事業所または住所地を管轄する年金事務所で、また、厚生年金の加入者であれば「街角の年金相談センター」（日本年金機構から委託を受けた社労士会が運営）でも手続きをすることができます。手続きの際には、「年金請求書」を「戸籍謄本」や「住民票」などの添付書類とともに提出します。

.... 加給年金 ....

どんな制度なのか

加給年金とは、厚生年金の受給者に配偶者（内縁関係も含む）や高校卒業前の子がいるときに支給されるものです。会社員で一定の条件を満たす人は、老齢厚生年金（または定額部分）の受給開始と同時に加給年金が上乗せされます。支給額も大きく、国民年金にはない厚生年金保険独自のメリットです。「子」とは、具体的には、18歳になった後最初の3月31日までの者、または20歳未満で障害等級1級・2級に該当する者で、どちらも未婚の場合をいいます。ただ、加給年金は、配偶者が65歳になって配偶者自身の老齢基礎年金がもらえるようになると支給が打ち切られます。その後、加給年金は配偶者自身の老齢基礎年金に振替加算という年金給付として金額が変わり、加算されて支給されることになります。

■ 年金受給の流れ

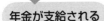

事前準備	・年金の加入歴、年金見込額を調べておく ・裁定請求書を入手する 　（年金事務所、市区町村役場など） ・添付書類の確認、取り寄せ　〔ただし、戸籍謄本などは誕生日前日以降取得する〕
年金の裁定請求をする	・裁定請求書と添付書類を年金事務所等へ提出する
年金証書・裁定通知書が送付される	
年金が支給される	・指定した金融機関の口座に振り込まれる 　以後は、偶数月の15日に、前2か月分が入金される
毎年の誕生日	・毎年誕生月に、自身の年金記録を記載した 　「ねんきん定期便」が送付される
毎年6月頃	・年金振込通知書が送付される
毎年11月頃	・「公的年金等の受給者の扶養親族等申告書」が送付される
65歳になるとき	・「国民年金・厚生年金保険老齢給付裁定請求書」というハガキが送付される　〔65歳前から厚生年金を受給中の場合に送付される〕

■ 老齢厚生年金のしくみ

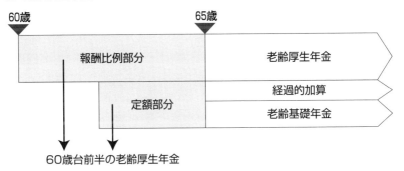

60歳台前半の老齢厚生年金

加給年金の支給対象者は、次の要件に該当する者です。

① **年金を受け取っている者（特別支給の老齢厚生年金の場合は、定額部分の支給があること）**

② **厚生年金保険の加入期間が20年以上ある者**

20年以上というのは原則であり、生年月日に応じて、男性で40歳（女性は35歳）を過ぎてからの厚生年金保険加入期間が15年〜19年あれば受給資格が得られます。

③ **一定の要件を満たす配偶者や子の生計を維持している者**

一定の要件を満たす配偶者とは、配偶者の前年度の年収が850万円未満であること、65歳未満であること、配偶者がすでに老齢年金などを受給している場合は、その年金の加入期間が20年未満であること、です。

加給年金の手続きは、老齢厚生年金の請求手続き（裁定請求）と同時に行われますので、加給年金について、改めて請求する必要はありません。

································ **在職老齢年金** ································

老齢厚生年金を受け取ることができる60歳以降になっても働き続ける人が増えています。そうすると、60歳以降の収入は、給与と年金の2つが柱になりますが、会社などで働きながら年金を受け取る場合、年金が全額または一部減額されることがあります。これを在職老齢年金制度といいます。「60歳から64歳まで」と「65歳以降」の場合で計算式が異なります。

① **60歳台前半の在職老齢厚生年金**

60歳台前半の在職老齢厚生年金のしくみは、基本月額と総報酬月額相当額の合計額が28万円を超えているかどうかと、総報酬月額相当額が47万円を超えているかどうかを基にして判断します。基本月額とは、受給している老齢厚生年金額（加給年金を除く）を12で割って月額換算した額のことです。総報酬月額相当額とは、年金受給者が勤務先から受け取る賃金と過去1年間に受け取った賞与の合計額を12で割った額のことです。

年金受給者が働いていても総報酬月額相当額と基本月額の合計額が28万円に達するまでは年金の全額が支給されます。

総報酬月額相当額と基本月額の合計額が28万円を上回る場合は、総報酬月額相当額の増加分の半額に該当する年金額が停止されます。

　総報酬月額相当額が47万円を超える場合は、さらに総報酬月額相当額が増加した分だけ年金が支給停止されます。60歳から64歳までの在職老齢年金については、収入によっては全額カットされる可能性もあります。

　なお、年金がカットされることにより、60歳以降の人の働く意欲を阻害しかねないという観点から、支給停止の基準額を28万円から47万円に引き上げる法改正が令和4年4月から施行される予定です。

② 60歳台後半の在職老齢年金

　65歳以上の人が老齢厚生年金を受給しながら会社勤めをする場合も受け取る賃金の額に応じて老齢厚生年金の額が減額されます。ただし、調整のしくみは60歳台前半の在職老齢年金とは異なり、基本月額と総報酬月額相当額との合計が47万円を超える場合に、その超えた分の半額に相当する年金額の支給が停止されます。

　厚生年金の被保険者は原則として70歳未満の者ですが、70歳を過ぎても厚生年金が適用される事業所に雇用され、健康保険の被保険者となっている場合には同様のしくみで年金額が調整されます。

　「65歳以降」の在職老齢年金については給与収入がある場合に支給が停止されるのは老齢厚生年金だけであり、老齢基礎年金の方は全額が支給されます。60歳台前半の在職老齢年金と異なり、その人が受け取る年金の全額が支給停止されるということはありません。

対象者・手続き

　60歳以降も在職して働く場合には、在職老齢年金制度により、年金額の調整が行われます。

　ただし、給与と支給調整される在職老齢年金の手続きは、会社と年金事務所の方で行われるので、年金受給者が手続きをする必要はありません。会社に「年金手帳」と「年金証書」を提出し、勤務している事業所を管轄する年金事務所に手続きをしてもらうことになります。

出産・子育て・介護

········ **母性健康管理措置による休暇取取得支援助成金** ········

どんな制度なのか

　新型コロナウイルス感染症に関する母性健康管理措置として、休業が必要とされた妊娠中の女性労働者に対し、有給の休暇（年次有給休暇を除く）を取得させた企業に対して助成金が支給されます。働く女性が安心して出産し、出産後も継続して活躍できる職場環境を整えることを目的とした制度です。5日以上20日未満の有給休暇を取得させた場合、労働者1人につき25万円が支給され、以降20日ごとに15万円が加算されます。ただし、対象となる女性労働者1人につき100万円が上限です。この制度を受けられるのは、1事業所あたり労働者20人までとなっています。

対象者・手続き・申請期間

　制度の対象となるのは、令和2年5月7日から9月30日までの間に、新型コロナウイルス感染症に関する母性健康管理措置として、妊娠中の女性労働者が取得できる有給の休暇制度を整備した事業主です。また、この制度の内容を労働者に周知した上で、令和3年1月31日までの間に、当該休暇を5日以上取得させることも必要です。申請の手続きは、事業所の所在する各都道府県労働局の雇用環境・均等部（室）の相談・申請窓口で行います。申請期間は、令和2年6月15日から令和3年2月28日までです。

·············· **出産育児一時金** ··············

どんな制度なのか

　妊娠・出産は病気やケガではありません。このため、定期健診や正常分娩にかかる費用については療養の給付を受けることができず、全額自己負担となります。しかし、出産し、育児が始まると経済的な負担は非常に大きくなります。そこで、健康保険では、出産費用の補助を行っています。

これを出産育児一時金といいます。

対象者・手続き

　被保険者またはその被扶養者である家族が妊娠4か月以後（妊娠85日以後）に出産したときに、一児につき42万円が支給されます（双児以上の場合は42万円×人数分）。ただし、出産した医療機関等が産科医療補償制度に加入していない場合は、一児につき40万4,000円の支給になります。産科医療補償制度とは、出産の際に重度の脳性麻痺が発生した場合、医療機関に過失がなかったとしても、その出生児に対して補償（総額3,000万円）を行うという制度です。補償を受けるためには出産を行う医療機関側が1つの分娩について3万円の保険料を負担する必要があるため、その分、出産育児一時金が上乗せされています。出産育児一時金は、妊娠85日以後であれば生産に限らず、死産や流産でも支給されます。また、被保険者資格を喪失する日の前日まで継続して1年以上被保険者期間のある人が、資格喪失後6か月以内に出産した場合も支給されます。ただ、資格喪失後に夫の被扶養者となって「家族出産育児一時金」を受けられる場合は、どちらか一方の選択となります。

　なお、出産費用が出産育児一時金の支給額を超える場合は、その差額分を自己負担することになります。

·············· 出産手当金 ··············

どんな制度なのか

　出産のために仕事を休んだ場合の賃金の補てんとしての給付を出産手当金といいます。

　被保険者が出産のため会社を休み、給料（報酬）を受けられないときは、出産日（出産予定日より遅れた場合は予定日）以前42日（多胎妊娠のときは98日）から出産日後56日までの期間、欠勤1日につき標準報酬日額の3分の2が支給されます。

　給料が支払われないとは、まったく支払われない場合だけでなく、出産手当金の額（標準報酬日額の3分の2）に満たない給料の場合も対象となります。その場合は出産手当金との差額が支給されます。

　出産手当金を請求する場合、産前、産後別または産前産後一括してそれぞれの期間経過後に、事業所管轄の全国健康保険協会の都道府県支部または会社の健康保険組合に提出します。出産手当金を受けられる日ごとにその翌日から起算して2年で時効となり、請求権がなくなります。

　出産を機に退職する労働者もいると思いますが、出産手当金は在職中の労働者にだけ支給される手当というわけではありません。会社などを退職し、健康保険の被保険者としての資格を喪失した労働者に対しても出産手当金が支給されることがあります。

　ただし、退職後に出産手当金の支給を受けるためには健康保険の資格喪失日の前日までに引き続き1年以上被保険者（任意続被保険者と共済組合の被保険者を除く）であること、資格を喪失した際に出産手当金の支給を受けていることが必要です。

・・・・・・・・・・・・・・・・・・・・・・ 育児休業給付金 ・・・・・・・・・・・・・・・・・・・・・・

どんな制度なのか

　原則として、1歳未満の子を養育するために休みを取得できるのが育児休業制度ですが、一定の要件を満たす育児休業取得者は育児休業給付金を受給できます。支給金額は、休業開始後6か月間については、休業開始時の賃金日額に支給日数を乗じた額の67％相当額です。休業開始から6か月が経過した場合は、給付割合は50％となります。

　支給期間は、子が1歳になるまでが原則です。ただし、保育所に入所申込みを行ったが定員オーバーで入所できない場合や、配偶者の死亡や疾病により養育が困難な場合など、一定の延長事由が認められる場合には、1歳6か月又は2歳まで支給期間が延長される場合があります。また、父母がともに育児休業を取得するパパ・ママ育休プラス制度を利用する場合は、子が1歳2か月になるまでの最大で1年間（女性の場合は産後休業期間を含む）となります。

対象者・手続き

　育児休業は、父親も取得することができます。育児休業給付金を取得す

るためには以下の要件を満たすことが必要です。

・雇用保険の一般被保険者（１週間の所定労働時間が20時間以上で、31日
　以上雇用される見込みのある者のこと）であること

・育児休業開始日前の２年間に、賃金を受けて雇用保険に加入していた日
　が11日以上ある月が12か月以上あること

・事業主に対して育児休業の開始日と終了日を申し出ていること

　事業主は、初回の支給申請を行う日までの間に、管轄のハローワークに
休業開始時賃金月額証明書を提出して、受給資格確認手続をしなければな
りません。通常は、「育児休業給付受給資格確認票・（初回）育児休業給付
金支給申請書」を同時に提出して、初回支給申請を併せて行います。受給
資格確認手続と初回支給申請を併せて行う場合、休業開始日から４か月を
経過する日の属する月の末日までに行う必要があります。この場合、「賃
金台帳」「出勤簿」などの記載内容を証明する書類と「母子健康手帳」な
どの育児の事実を確認できる書類のコピーを添付する必要があります。な
お、２回目以降の申請は、ハローワークから交付される「育児休業給付金
支給申請書」を提出します。

······················ **産休中の社会保険料免除** ······················

どんな制度なのか

　産休期間中は収入が減るため、社会保険料は労働者にとって大きな重荷
です。その社会保険料が負担にならないようにするために設けられたのが、
産休中は社会保険料の納付が免除されるという制度です。

　免除される社会保険料は、健康保険、介護保険、厚生年金保険です。労
働者本人の負担分だけでなく、会社負担分についても免除されることに
なっています。この制度の適用を受けるためには、事業主が年金事務所に
申し出なければなりません。免除を受けるためには、労働者が実際に仕事
を休んでいることが必要ですが、有給・無給であるかは問いません。

対象者・手続き

　産休とは、出産の日の６週間前（双子以上の場合は14週間前）から出産
後８週間の休業をいいます。出産を予定している労働者が申し出たとき

は、事業主は、産休を取らせなければならないということが、労働基準法によって規定されています。

　保険料免除は日割計算ではなく月単位なので、免除の対象となる期間は、産休を開始した月から、産休終了日の翌日の月の前の月（産休終了日が月の末日の場合は産休終了月）までです。

　社会保険料の支払いが免除されてもその期間中は保険料を支払ったものとして扱われるので、健康保険・介護保険の給付を受けることができ、また年金も減額されることはありません。

　産休中の社会保険料免除を受けるためには、労働者からの申し出（産休中に行う必要があります）を受けた事業主が、事業所管轄の年金事務所に「健康保険・厚生年金産前産後休業取得者申出書」を提出しなければなりません。

　また、平成31年４月からは出産前後の一定期間、国民年金保険料が免除される制度も開始されました。免除期間は、出産予定日または出産日が属する月の前月から４か月間です。対象となるのは免除期間内に国民年金第１号被保険者の期間を有する人です。国民年金保険料の免除を受けるには、お住まいの市区町村にある国民年金担当窓口に母子手帳などを提出しなければなりません。免除の届け出は出産予定日の６か月前から行うことが可能です。

·················· 育児休業期間中の社会保険料免除 ··················

どんな制度なのか

　育児休業期間中は、労働者の収入がどうしても少なくなります。このため、社会保険料の納付が負担にならないようにするため、社会保険料の納付が免除される制度が設けられています。

　免除される社会保険料は、健康保険、介護保険、厚生年金保険です。この場合、労働者本人の負担分だけでなく、会社負担分についても免除されることになっています。この制度の適用を受けるためには、事業主が年金事務所に申し出ることが必要です。

　免除される期間は、育児休業を開始した月から、終了した日の翌日の前月までです。育児休業期間中、労働者の給与が有給であるか無給であるかは問いません。

　社会保険料の免除が認められるのは、育児休業と、子が3歳になるまでの育児休業に準じる休業ですので、休業期間中であっても、子が3歳になればその時点で免除は終了します。

　なお、社会保険料の支払いが免除されてもその期間中は保険料を支払ったものとして扱われますので、健康保険・介護保険の給付を受けることができ、また年金も減額されることはありません。

　この育児休業期間中の社会保険料免除とよく似た制度で、産休期間中の社会保険の納付を免除する制度があります。これを活用すれば、産休が明けても職場復帰せず、そのまま育児休業に入って、保険料免除をそのまま継続することもできます。ただし、届け出は改めて行わなければなりませんので、注意が必要です。

　育児期間中の社会保険免除を受けるためには、労働者からの申し出を受けた事業主が、事業所管轄の年金事務所に「健康保険・厚生年金保険育児休業等取得者申出書」を提出することが必要です。

児童手当

どんな制度なのか

　子育てにかかる費用の負担を少しでも軽減するために支給されているのが児童手当です。

　支給対象となる児童とは、0歳から中学校卒業まで（0歳から15歳になった後の最初の3月31日まで）の者のことを意味します。

　支給金額（月額）は以下のとおりです。

・0歳〜3歳未満：1万5000円（一律）
・3歳〜小学校修了前：1万円（第3子以降は1万5000円）
・中学生：1万円（一律）

　児童手当は、平成23年度まで支給されていた子ども手当と異なり、養育者の所得について所得制限が設定されています。養育者の所得が所得金額を超える場合、児童手当を受給することはできません。ただし、現在のところ、所得金額を超える父母などに対しても、特例給付として月額5000円が支給されます。

児童手当を受給するためには、居住する地域の市区町村で認定手続きが必要です。支払時期については、2月〜5月分については毎年6月、6月〜9月分については毎年10月、10月〜1月分は毎年2月に支払われます。

児童扶養手当・特別児童扶養手当

どんな制度なのか

児童扶養手当とは、父母の離婚などで、父または母と生計を同じくしていない子どもが育成される家庭（ひとり親家庭等）の生活の安定と自立の促進に寄与し、子どもの福祉の増進を図ることを目的として、支給される手当です。

対象者・手続き

子どもをかかえて離婚した親などに対しては、児童扶養手当が支給されます。母子家庭に限らず父子家庭も対象で、配偶者からの暴力（DV）で「裁判所からの保護命令」が出された場合も支給されます。18歳に達する年度末までの間にある児童が対象で、手当額は、児童義務者の所得によって10,180〜43,160円です。2人目以降の児童への加算もあります。

子どもの精神あるいは身体に障害がある場合は、特別児童扶養手当が支給されます。法律で定められた1級障害児に対しては月額5万2500円、2級障害児については月額3万4970円が支給されます（金額は令和2年4月からの支給額）。

これらの手当の支給を受けようとする場合、手当を受けようとする者が居住する市区町村の窓口で手続きをすることになります。

ひとり親家庭等医療費助成

どんな制度なのか

ひとり親家庭について、医療費の自己負担部分を、一部を除いて免除する制度です。子供の医療費だけでなく、親や養育者の医療費についても免除されます。東京都の場合、各市区町村で手続きをすると、「マル親医療

証」が交付されます。この「マル親医療証」と健康保険証をセットにして、医療機関の窓口に提出すると、医療費の自己負担分が一部免除されるしくみです。ただし、各市区町村の外で治療を受けたり、この制度を扱っていない医療機関に行くこともあります。その場合は、医療機関で支払いをすませた後、領収書を添えて市区町村役場に申請をして、多く支払った分を返してもらうことになります。

対象者・手続き

　対象者は、母子家庭の母、父子家庭の父、両親がいない児童を養育している人、その家庭の18歳未満の子供（障害がある場合は20歳未満）などです。ただし、各市区町村が定めた所得制限以上の所得がある人、生活保護

■ 児童扶養手当の概要 ⋯⋯⋯⋯⋯⋯⋯⋯⋯⋯⋯⋯⋯⋯⋯⋯⋯⋯⋯⋯⋯

対　象　者	次のいずれかの状態にある児童（18歳になった日以降の最初の３月31日まで、一定の障害がある場合は20歳未満）を養育している母や父、または養育者に支給される。 ① 父母が婚姻を解消（離婚など）した児童 ② 父又は母が死亡した児童 ③ 父又は母が重度の障害の状態にある児童 ④ 父又は母が生死不明の児童 ⑤ 父又は母に１年以上遺棄されている児童 ⑥ 父又は母が裁判所からのＤＶ保護命令を受けた児童 ⑦ 父又は母が１年以上拘禁されている児童 ⑧ 婚姻によらないで生まれた児童 ⑨ 棄児などで父母がいるかいないかが明らかでない児童
手　当　額 （令和2年度の基準）	・全部支給：43,160 円 ・一部支給：10,180 円～43,150 円 ※父や母、または養育者の所得（扶養親族の数によって異なる）によっては支給制限の対象になる ・児童2人以上の場合は、2人目に月額 5,100 円～ 10,190 円、3人目以降は1人につき月額3,060 円～6,110 円が加算される。
支　給　方　法	1月・3月・5月・7月・9月・11 月の年6回、2か月分ずつが受給者の口座に振り込まれる。
問い合わせ先	住所地の市区役所・町村役場

受給者、健康保険未加入者などは対象外です。申請手続きは、各市区町村役場で行います。詳しくは、各市区町村のホームページを見るか、担当部署に問い合わせてください。

……………………… 母子（父子）福祉資金 ………………………

どんな制度なのか

　国から支給される手当の他に、母子（父子）福祉資金という低利の融資制度もあります。就職に必要な職業技能を身につけるための技能習得資金、事業を始めるための事業開始資金、あるいは子どもを学校に入学させるための修学資金、住宅の建設・改築・保全のための住宅資金などさまざまな貸付金が用意されています。いずれも年1％の利子あるいは無利子で、一定の据え置き期間経過後に返済することになります。

対象者・手続き

　母子（父子）福祉資金の対象者は、20歳未満の子どもを扶養する母子（父子）家庭の母親（父親）です。申請にあたっては、物的担保（抵当権や質権など）は不要ですが、原則として連帯保証人を1人以上立てなければなりません。申請は居住する市区町村の福祉担当窓口で行い、審査を経て貸付の可否が決まります。

……………………… 就学費援助 ………………………

どんな制度なのか

　一定の基準を満たす低所得の世帯を対象に、小中学生の子供の就学に必要な費用を援助する制度です。就学に必要な費用を幅広くカバーしています。具体的には、給食費、学用品費、修学旅行費、医療費（特定の病気のみが対象）、通学費、体育実技用具費、クラブ活動費などの費用が対象です。費用の支給は、実際にかかった費用を支給する実費支給と、かかった費用にかかわらず一定の額を支給する定額支給があります。支給方法は、口座振り込みです。ただし、給食費や医療費については、学校や医療機関に直接支払われる場合もあります。

　利用対象は、生活保護を受給している世帯と、それに準じる程度の低所得の世帯です。後者は、各市区町村によって認定の基準が異なります。また援助内容や手続きの方法は、各市区町村によって異なります。詳細は、各学校、市区町村、教育委員会などに問い合わせてみましょう。

・・・・・・・・・・・・・・・・・・・・　**子育て世帯臨時特別給付金**　・・・・・・・・・・・・・・・・・・・・

どんな制度なのか

　新型コロナウイルス感染症の影響を受けている子育て世帯の負担を緩和するために、子育て世帯臨時特別給付金が支給されます。
　支給額は、対象児童1人につき1万円です。

対象者・手続き

　令和2年4月分（3月分を含む）の児童手当の受給者に支給されます。言い換えれば、基準日（令和2年3月31日）時点で、中学生以下の児童がいれば支給の対象となります。令和2年3月まで中学生であった児童（新高校1年生）も支給の対象です。外国人や生活保護受給者であっても、令和2年4月に児童手当の受給者であれば支給対象となります。新型コロナウイルスの感染拡大を防ぐため、窓口での申請手続き等は原則不要です。居住している各市区町村から案内チラシや申出書が自宅に届くので、支給を希望しない場合のみ、返送することになります。申出書の返送がなければ、自動的に児童手当登録口座に給付金が振り込まれます。この制度は、準備の整った自治体から順次開始されることになっているので、具体的な開始時期等については、最寄りの役所の窓口で相談しましょう。

… 小学校休業等対応支援金（委託を受けて個人で仕事をする人）…

どんな制度なのか

　新型コロナウイルスの感染拡大の防止策として、小学校等の臨時休業が相次ぎました。これにより、個人で仕事をしている保護者の中には、子どもの世話をしなければならず、契約どおりに仕事ができないという人も増

えています。こうした保護者の支援策として創設されたのが小学校休業等対応支援金です。この制度を利用すれば、仕事を行えなかった日について、令和２年２月27日から３月31日までは１日あたり4,100円、４月１日から９月30日までは１日あたり7,500円の支援金を受けとることができます。

対象者・手続き・申請期間

制度の対象となるのは、個人で仕事をする保護者で、次の①または②に該当する子どもの世話をするために、予定通り業務ができなかった人です。
① 新型コロナウイルス感染症対策として臨時休業等をした小学校等に通う子ども
② 新型コロナウイルスに感染するなど、小学校等を休むことが適当と認められる子ども

この制度を受けるためには、小学校等が臨時休業等を行うまでに、業務委託契約を締結していることが必要です。申請期間は令和２年12月28日です。

·················· 小学校休業等対応助成金（事業者）···············

どんな制度なのか

新型コロナウイルスの影響により、小学校等の臨時休校が相次いでいます。これにより、仕事を休んで子どもの世話をしなければならない保護者の数も増えています。しかし、仕事を休むと収入が減少し、生活に支障が生じる保護者もいます。そこで、こうした保護者への支援策として、保護者に有給休暇（労働基準法上の年次有給休暇を除く）を取得させた事業者に対し、助成を行う制度が小学校休業等対応助成金です。

保護者に有給休暇を取得させた事業者に対しては、その賃金相当額が事業者に対して支給されます。ただし、１日8330円という上限があります（４月１日以降に取得したものについては15000円）。

対象者・手続き・申請期間

制度が適用されるのは、次の①または②の子どもの世話をする必要がある保護者に有給休暇を取得させた事業者です。
① 新型コロナウイルス感染対策として臨時休業等をした小学校等に通う

子ども

② 新型コロナウイルスに感染してしまい学校を休む必要がある子ども

　制度が適用される期間は令和２年２月27日〜９月30日ですが、夏休み等、学校が開校されなかった期間については適用されません。この制度の適用を受けるためには、事業者は令和２年12月28日までに申請をする必要があります。

両立支援等助成金（介護離職防止支援コース　新型コロナウイルス感染症対応特例）

どんな制度なのか

　新型コロナウイルス感染症への対応として、家族の介護を行う必要がある労働者が、有給休暇を取得できる制度を整備した中小企業事業主を支援する制度です。有給休暇は、法定の介護休業、介護休暇、年次有給休暇とは別の休暇制度のことを指します。労働者１人当たりの取得した有給休暇が５日以上10日未満の場合は20万円、10日以上の場合は35万円が事業主に支給されます。

対象者・手続き・申請期間

　支給対象は、新型コロナウイルスへの対応として、介護のための有給の休暇制度を整備した事業主です。この制度を含めた仕事と介護の両立支援制度の内容を社内に周知したことと、対象となる労働者がこの休暇を５日以上取得したことも必要です。対象となる労働者は、新型コロナウイルスの影響により、普段利用していた介護サービスが利用できなくなったり、通常介護をしていた家族が介護できなくなった労働者です。令和２年４月１日から令和３年３月31日までに取得した休暇が対象です。申請期限は、支給要件を充たしてから２か月以内です。なお、令和２年６月15日より前に支給要件を満たしていた場合は、８月15日が申請期限となります。申請手続きや相談の窓口は、各事業所の所在する都道府県労働局の雇用環境・均等部（室）です。

…… 企業主導型ベビーシッタ利用者支援事業（特例措置）……

どんな制度なのか

　新型コロナウイルス感染症対策として、小学校等が臨時休業になった場合に、仕事を休むことができない保護者が、ベビーシッターを利用するための費用を補助する制度です。小学校や保育園等が臨時休校・休園となった場合に使用できる、ベビーシッターサービスの割引券が支給されます。割引金額は1枚につき2200円です。対象児童1人につき1日5枚まで使用することができ、かつ、1家庭につき1か月当たり120枚まで使用することができます。

対象者・手続き・申請期間

　対象者は、全国保育サービス協会から承認を受けた民間企業に勤めている保護者、または個人で仕事をしている保護者です。新型コロナウイルス感染症の影響により、子どもの通う小学校や保育所等が臨時休業・休園になったこと、及び、配偶者が仕事をしているなど、ベビーシッターを利用しないと仕事を続けることが難しいことが要件です。申請については、民間企業に勤めている保護者の場合は、勤務先の会社に割引券の申込みをします。個人で仕事をしている保護者の場合は、全国保育サービス協会から委託を受けた団体に申込みを行います。

その他

························· 生活福祉資金の貸付 ·························

どんな制度なのか

　低所得世帯や高齢者世帯などに対し、低利もしくは無利子で貸付を行う制度です。貸付資金の種類としては、①生活を再建するための資金を貸し付ける総合支援資金、②冠婚葬祭費や技能習得期間中の生活費などを貸し付ける福祉資金、③子どもを高校や大学などに進学させるための資金を貸し付ける教育支援資金、④一定の居住用不動産を担保として生活資金を貸し付ける不動産担保型生活資金の4種類があります。さらに、新型コロナウイルスの影響による休業や失業等により、収入が減った世帯に対して、特例の貸付も実施されています。貸付を受けることができる金額は、貸付資金の種類、世帯人数や収入などによって異なります。

対象者・手続き

　貸付が受けられるのは、市町村民税非課税程度の低所得世帯で、他からの資金の借入れが困難な世帯および障害者や高齢者が属する世帯です。また、新型コロナウイルスの影響による休業や失業により、収入が減少し、生計の維持が困難になった世帯は、緊急小口貸付を受けることができます。貸付上限額は20万円以内で、据置期間1年後に返済を開始します。

　申込みの際には各市区町村の社会福祉協議会の窓口に相談申請を行い、都道府県社会福祉協議会の審査を受けることになります。民生委員の面接が求められるケースもあります。総合支援資金や福祉資金の貸付を受ける際には、連帯保証人を立てることが原則ですが、連帯保証人がいなくても利用できる融資もあります。

どんな制度なのか

　住宅ローンを組んで、住宅の新築、購入、増改築をして、実際に住み始めると、10年間の税額控除を受けられる場合があります。これが住宅ローン減税（控除）です。控除額は、年末のローン残高に、１％を掛けた額です。ただし、年間に控除される限度額が設定されています。税額控除は、所得から所得控除額を差し引き、それに税率を掛けて算出した「税額」そのものから控除を受けるしくみです。そのため、医療費控除や配偶者控除などの所得控除よりも減税効果が高いといえます。なお、税額控除は、所得税で控除しきれない分については、住民税からも一部控除されます。

　さらに、令和元年の消費税増税に伴い、控除額が延長されるケースがあります。具体的には、消費税10％が適用される住宅を取得し、令和元年10月１日から令和２年12月31日までに入居をした場合、控除期間が３年延長されます。

対象者・手続き

　新築住宅だけでなく中古住宅も対象となります。また増築や一定規模以上のリフォーム、さらに省エネ・バリアフリー改修なども100万円以上の工事費の場合は、住宅ローン減税の対象となります。なお、申請は世帯単位ではなく、住宅ローンを借り入れる個人単位で行います。

　新築住宅や中古住宅を取得した場合のおもな住宅ローン減税（控除）の適用条件は次のとおりです。

① 　住宅取得後６か月以内に入居し、年末現在引き続き居住している。
② 　住宅の登記簿上の面積が50㎡以上である。
③ 　床面積の２分の１以上が居住用に使用されている。
④ 　控除を受ける年の年間所得金額が3,000万円以下である。
⑤ 　償還が10年以上のローンを組んでいる。

　住宅ローン控除は、最初の年分については、税務署に確定申告をして控除を受けます。会社などに勤務している場合は、その次の年分からは勤務先を通して行う年末調整で控除を受けます。

　消費税増税に伴い、控除の限度額など、制度が拡充されています。

どんな制度なのか

　自然災害によって死亡した人の遺族に対して、国がお金を支給する制度です。一家の家計を支えている人が死亡した場合は、家計に与える悪影響が大きいため、支給額が高くなります。具体的には、東京都では、死亡者1人につき250万円を支給しますが、死亡したのが生計維持者であった場合には倍の500万円を支給することになっています。災害が直接のきっかけになって死亡した場合だけではなく、災害後のさまざまなストレスがもとで病気になり、死亡した「災害関連死」についても支給対象になります。

　なお、支給対象となる災害は、①1市区町村において住居が5世帯以上滅失した災害、②都道府県内において住居が5世帯以上滅失した市区町村が3以上ある場合の災害、③都道府県内において災害救助法が適用された市区町村が1以上ある場合の災害、④災害救助法が適用された市区町村をその区域内に含む都道府県が2以上ある場合の災害、です。

対象者・手続き

　対象者は、災害によって死亡した遺族です。配偶者、子、父母、孫、祖父母までが遺族として扱われ、この順位で、支給対象者が決まります。なお、配偶者、子、父母、孫、祖父母がいない場合は、死亡者と同居するまたは生計を同じくしていた兄弟姉妹も支給の対象となります。申請手続きは、各市区町村役場で行います。

・・・・・・・・・・・・・・・・・・・・・・・・ 災害障害見舞金 ・・・・・・・・・・・・・・・・・・・・・・・・

どんな制度なのか

　災害障害見舞金は、自然災害によって重度の障害を負った人に国がお金を支給する制度です。家族の家計を支えていた人が障害を負うと、家計に与える打撃が大きいため、支給額が多く設定されています。具体的には、東京都では、1人あたり125万円を支給しますが、障害を負ったのが生計維持者の場合には、その倍の250万円を支給する決まりです。対象となる災害は、災害弔慰金と同様に一定の要件をクリアするものに限定されます。障害年金の支給条件を満たす場合には、災害障害見舞金と障害年金の両方

を受け取ることができます。

　支給対象者は、災害によって日常生活が困難になるほどの重度の障害を負った人です。たとえば、両眼を失明した人、内臓の機能に障害が残って要介護状態になった人などです。申請手続きは、各市区町村で行います。

・・・・・・・・・・・・・・・・・・・・・・・・・・・・　雑損控除　・・・・・・・・・・・・・・・・・・・・・・・・・・・・

どんな制度なのか

　災害や盗難、横領などによって資産に損害を受けた場合に、受けることができる一定の金額の所得控除を雑損控除といいます。これにより、課税対象額（課税標準）を減らして所得税の負担を軽減することができます。

対象者・手続き

　雑損控除の対象となるための要件としては、まず、申告者または申告者と生計を一にする親族（家族など）で、課税標準の合計額が基礎控除額（38万円）以下である人が、災害・盗難・横領により、生活に通常必要な住宅、家具、衣類などの資産について損失を受けたことが挙げられます。

　一方、事業用の資産や別荘、書画、骨とう、貴金属等で1個・1組の価額が30万円を超えるものなどは対象とはなりません。

　また、損害の原因は、①震災、風水害、冷害、雪害、落雷など自然現象の異変による災害、②火災、火薬類の爆発など人為による異常な災害、③害虫などの生物による異常な災害、④盗難、⑤横領のいずれかに該当した場合に限られます。なお、④や⑤ではなく詐欺や恐喝によって損害を受けた場合には雑損控除は受けられません。

　控除額の金額は、次のⓐとⓑのうち、多い金額が控除額となります。

ⓐ　差引損失額－総所得金額等×10%

ⓑ　差引損失額のうち災害関連支出の金額－5万円

　なお、雑損控除は他の所得控除に先立って控除し、控除しきれない金額は、3年間繰り越すことができます。また東日本大震災によるものは、5年間繰り越すことができます。

·················· **災害減免法による所得税の減額** ··················

どんな制度なのか

　自然災害などによって住宅や家財に損害を受けた場合、災害減免法の適用を受けられる可能性があります。この法の適用を受けると、所得税の全額もしくは一部が減免されます。類似の制度として「雑損控除」がありますが、これらを重複して受けることはできません。雑損控除と災害減免法のいずれの適用も受けられる場合は、対象者がどちらか有利な一方を選択すればよいことになっています。

対象者・手続き

　災害減免法による減免を受けることができるのは、災害によって住宅や家財に時価の２分の１以上の損害を受けた人のうち、災害に遭った年の年間所得の合計が1,000万円以下の人とされています。その災害が盗難や横領である場合や、年間所得が1,000万円を超える人については対象外となりますが、雑損控除を受けることは可能です。

　減免される所得税の額は、所得が500万円以下の場合は全額、500万円を超え750万円以下の場合は２分の１、750万円を超え1,000万円以下の場合は４分の１です。法の適用を受けるためには、確定申告書に災害減免法による減免を受ける旨および被害の状況・損害額を記載して所管の税務署に提出する必要があります。

······················· **国税の納付の猶予制度** ·······················

どんな制度なのか

　一度に納税をすると生活が困難になる場合や、災害で財産を失ってしまった場合など、特定の事情があるときは、税務署に申請をすることで、国税の納付の猶予制度を受けられる可能性があります。この制度を利用することで、期限後でも、資力に応じた額で分割納付等をすることができます。猶予期間中（最大１年間）は延滞税の全部または一部が免除されます。また、令和２年４月30日の新型コロナ税特法の施行により、新型コロナウイルス感染症の影響で収入が大幅に減少している人に向けて、納税の猶予の特例（特例猶予）が創設されました。特例猶予の場合は、延滞税はかか

りません。

対象者・手続き・申請期間

　制度を利用できるのは、一度に納税することで、事業の継続や生活の維持が困難となるおそれがある人です。納税について誠実な意思があること、猶予を受けようとする国税以外に滞納がないことが必要です。申請は、納期限から6か月以内に行わなければなりません。新型コロナウイスに関する特例猶予を受けられるのは、新型コロナウイルス感染症の影響により、令和2年2月1日以降の任意の期間（1か月以上）において、収入が前年同期と比べておおむね20％以上減少し、一時の納税が困難な人です。

·············· 住居確保給付金 ··············

どんな制度なのか

　離職等により収入が減少し、住居を失った、またはそのおそれがある人に対して、就職に向けた活動をすることを条件に、家賃相当額を自治体から家主に支給する制度です。一定の要件を充たした場合、原則3か月間（就職活動を誠実に行っている場合は最大で9か月まで延長可能）、支給を受けることができます。支給される金額は、単身世帯か複数世帯かによって異なりますが、東京23区の場合、単身世帯で5万3,700円、2人世帯だと6万4,000円、3人～5人世帯だと69,800円が上限となります。

対象者・手続き・申請期間

　対象者は、主たる生計維持者が離職や廃業後2年以内である場合、または自己都合によらない休業等により、収入が離職や廃業と同程度まで減少している場合です。誠実かつ熱心に求職活動をしていることと、世帯収入や世帯の預貯金合計額が一定以下であることも必要です。なお、以前はハローワークに求職申込みをしていることが条件でしたが、令和2年4月30日以降、ハローワークへの申込みは不要となりました。住居確保給付金の申請や相談については、最寄りの自立相談支援機関で受け付けています。

········ 新型コロナウイルス感染症対応従事者慰労金 ········

どんな制度なのか

　新型コロナウイルス感染症の拡大防止や収束に向けて医療機関の医療従事者や職員は、感染のおそれのある患者との接触を伴うことが少なくありません。また、感染患者が増えても継続して医療サービスを提供することが求められ、心身の負担が大きくなっていました。そういった医療従事者や職員に対して、慰労金が支給されます。

対象者・手続き・申請期間

　都道府県から指定された新型コロナウイルス感染症患者の入院を受け入れる医療機関などで勤務し、患者と接する医療従事者や職員に対して、一人あたり10万円の慰労金が支給されます。これらの医療機関以外の病院、診療所などにおいても、そこで勤務し、患者と接する医療従事者などに5万円の慰労金が支給されます。

　なお、実際に、新型コロナウイルス感染症患者に診療などを行った医療機関などである場合には、20万円が支給されます。

　該当する医療従事者や職員は、各都道府県における新型コロナウイルス感染症患者1例目発生日などから6月30日までの間に、10日以上勤務している者です。勤務時間の少ないパートや、看護師などの職種にかかわらず、事務職であっても患者と接する機会がある場合には対象となります。

　手続きは、会社（医療機関など）が勤務している職員などの委任を受けて、都道府県に申請します。申請期限は都道府県によって異なりますが、おおむね令和2年12月31日です。退職後であったとしても上記に該当すると対象者になるため、一度、退職した会社に確認をしておくとよいでしょう。なお、介護施設で勤務する職員などについても、同様の慰労金が支給されます。

【監修者紹介】

森島 大吾（もりしま　だいご）

1986年生まれ。三重県出身。社会保険労務士、中小企業診断士。三重大学大学院卒業。観光業で人事労務に従事後、介護施設で人事労務から経営企画、経理まで幅広い業務に従事する。

2020年1月に「いちい経営事務所」を開設。会社員時代には、従業員の上司には言えない悩みや提案を聞くことが多く、開業してからも経営者の悩みに共感し寄り添うことをモットーに、ネガティブな感情をポジティブな感情に動かす『感動サービス』の提供を行っている。人事労務から経理まで多岐にわたる業務に従事していた経験と中小企業診断士の知識を活かして、給与計算代行や労働保険・社会保険の手続き代行だけでなく、経営戦略に寄与する人事戦略・労務戦略の立案も行い、ヒト・モノ・カネの最大化に向けたサポートをしている。

監修書に、『入門図解 テレワーク・副業兼業の法律と導入手続き実践マニュアル』『入門図解 高年齢者雇用安定法の知識』『入門図解 危機に備えるための 解雇・退職・休業・助成金の法律と手続き』（小社刊）がある。

すぐに役立つ
暮らしのセーフティネット！
失業等給付・職業訓練・生活保護・給付金の
しくみと手続き

2020年9月30日　第1刷発行

監修者		森島大吾
発行者		前田俊秀
発行所		株式会社三修社
		〒150-0001　東京都渋谷区神宮前2-2-22
		TEL　03-3405-4511　FAX　03-3405-4522
		振替　00190-9-72758
		http://www.sanshusha.co.jp
		編集担当　北村英治
印刷所		萩原印刷株式会社
製本所		牧製本印刷株式会社

©2020 D. Morishima Printed in Japan
ISBN978-4-384-04851-3 C2032